生きることの社会学

人生をたどる12章

川田　耕

世界思想社

目次

第8章　性愛と社会

第9章　働くことと生きること

第10章　老いゆく日々と社会

はじめに

私たちは、社会のなかに産み落とされます。そして、社会のなかで育ち、社会のなかで活動し、社会のなかで子を産み育て、社会のなかで老いて、そして死にます。

生まれる時は、病院・産院のお世話になり、成長するなかで義務教育の学校や高等教育機関に通い、大人になると民間企業など各種団体・会社の一員として働きます。病気になれば健康保険制度を利用して治療を受け、老いると年金に支えられ、亡くなる時はたいていはまた病院のお世話になります。そのあいだ、日本人であれば日本という国家の国民であり、憲法で様々な権利を保障され、義務も負います。病院、学校、会社、国家、これらはみな社会的な集団ですし、憲法や年金は社会的な制度です。各種の消費活動や地域社会との関わり、あるいはインターネットなどを介した人とのコミュニケーションも社会的な活動といえるでしょう。

社会とは集団のことだとすると、人類以外にもある種の社会を形成する生き物はいます。例えば、オオカミは群れをつくり、狩りなどの日常的活動において群れを単位として行動しますから、彼らは社会を形成している、といえます。しかし、彼らの社会は単純で、個体は基本的に単一の群れにのみ属し、他の群れに重複して所属したりはしません。また、オオカミたちのそれぞれの群れは規模の大小はあるもののよく似た構造の集団であり、相互に独立し、協力しあったりはしません。ところが、今日の人類は、はるかに多種多様な社会集団をつくり、その社会集団は相互に複雑なかたちで関わりあっています。そして、一人の人は同時にたくさんの社会集団に所属し、その人生のなかで数え切れないほど多くの社会集団と関わりをもちます。

複雑に相互に関わりあう各種の社会集団は、それぞれ自己を保存し発達させようという傾向をもちます。国家も会社も学校も病院も、潰れて消滅してよいという方針のことはまずなくて、何とか自分たちの力を保ち、強くし、広げていこうとします。とくにいわゆる資本主義的な自由主義経済の社会では、それぞれの集団が自己の営利の拡大を求めて競争することを原理としています。激しい競争のなかで諸集団が淘汰されながら、社会全体がより資本主義化しながら発展してきました。

社会がこのように激しい競争のなかで発展してきたことは、基本的には一人ひとりの生活と人生を相当に豊かにしてきたといってよいでしょう。例えば、大学病院や製薬会社、地域の医療機関といった医療関係の集団の活動は、私たちを病や死といった悲劇から大きく遠ざけ、実際、人類の平均寿命はこの数世紀のあいだに劇的に延びました。あるいは、全国・全世界に展開する学校はその教育を通じて人類の知識や思考力を豊かなものにしてきましたし、流通産業の発展は、世界中のものの往来を可能にしました。近年のインターネット世界の急速な発展は、娯楽や社交の選択肢を飛躍的に拡大してきました。そもそも考えてみれば、水や電気といった日々の生活に欠かせないものも、水道局や電力会社などたくさんの団体の活動によって支えられています。

しかし、社会の発展はいいことばかりではありません。それぞれの社会集団はそれぞれの目的や思惑のなかで、私たち個々の人間を規制したり強制したり多くのものを奪ったりもします。国や地方自治体には膨大な法律・法令があって、私たちの活動のあらゆる部分を規制していますし、日々の経済活動には徴税の網の目が張り巡らされています。学校教育も義務教育については法的な強制という側面が強く、教育内容や教師を私たちは選ぶことすらできません。結婚のような二人の合意だけで成り立つはずの行為ですら、法的な手続きが必要ですし、今日では結婚生活のありようにまで、DV防止法などで一定の規制が行われるようになりました。あるいは、法律や条例によって強制されない場合でも、様々な社会的な規範があって、私たちの行為を縛りつけていたりもします。例えば、私たちはいつどんな服を着ようとも自由なはずですが、サラリーマンがみな似たようなスーツを着ていることに典型的にみられるように、実際にはいつも、人の目を気にしたりして、その場や相手にふさわしい服装になるよう自主規制せざるをえません。

社会が、私たちに多くの便益を与えてくれることと、私たちの生活を規制したり強制したりすることがある、ということの多くは、表裏一体になっています。例えば、警察のおかげで私たちは暴力の脅威から逃れることができますが、警察の活動が機能しているからこそ、私たち自身が暴力を振るえば逮捕されたりもします。いずれにせよ、私たちは、良かれ悪しかれ、毎日、いつも、生涯、多数の社会集団と関わり続ける、社会的な存在であるほかありません。逆にいえば、「私」という個人のなかには、社会的なもののすべてが封じ込められている、といえるのかもしれません。健康状態、学力・学歴、職業、経済的状態、逮捕歴、身なり、しゃべり方、価値観……そうした個々の人の属性はすべて社会的なものと深く関わっています。

この本は社会学という学問の入門書ですが、社会学という学問は対象領域がたいへん広いので、そのすべてをカバーするわけにはいきません。そうではなく、このように高度に発展し、私たちの生活を豊かにもすれば規制したり強制したりもする「社会」なるもののなかで、一人ひとりの人が生きていくとはいかなることなのか、ということをとらえようとしています。生まれてから死ぬまで、という時間軸のなかで、いかに多様に深く社会と関わっていくのか、そこにはどんな豊かな可能性と厳しい現実・困難があるのか、といったことを述べていこうと思います。各種の社会集団が増え強大化していくなかで、私たち個人にとってそうした社会なるものの実態を理解し見極めることは、今日ますます必要で大事なことになっていると思います。さらに、本書では、いかに社会が高度に発展しようとも、絶えず生成を繰り返す社会の根源的な力は、個々の人間が生まれ育ち子を産み育てる、という営みにあることを明らかにします。そして、そのようにして生きていく個々人が自らの幸福を追求することが、実はもっとも社会的な行為である、という逆説的なことも示そうと思います。

本書が、他の社会学の教科書や入門書と違う特色は、一つには、このように人の生涯という時間を軸にしながら、人間と社会の関係についての見方を提示しようとしている点にあります。また、多くの入門書は複数の執筆者によって書かれていますが、そのために内容がバラバラな感じになることが多く、私には少し不満でした。本書は私一人で書いていますから、社会の様々な側面を取り上げながらも、より一貫した人間観・社会観を提示できると思います。私は、教育者としては教養科目としての社会学を担当していますが、研究者としては、映画や演劇、民間伝承といった文化的産物を歴史的・心理的・精神史的に探求することを専門にしていますので、そうした多様な観点からの解説・理解が多くなっていることも、特徴の一つとなるでしょう。

最初の第1章では、本書全体の話の前提として、そもそも「社会とは何か」という少し抽象的な話をします。第2章以下、第11章までは、胎児の段階から、生まれて次第に大きくなって、死ぬところまでを順番に取り上げ、それぞれの段階でどのように社会と関わっていくのか、社会との関わりのなかで、どのような利益や困難があるのかをみていきます。最後の第12章では、全体の議論をまとめ、再考します。

お勧めは前から順番に読み進めていくことですが、順不同で章ごとに読んでもらっても理解できるように書いています。文中の太字は、社会を理解するうえで大切な社会学の専門用語です。その意味を理解するように意識するとよいでしょう。各章の末尾の「キーワード」というコーナーでは、本文中で太字にした言葉をより詳しく説明しています。また、「考えてみよう」「さらに学ぶための本」というコーナーがあり、一部の章末には「コラム」もありますので、こちらも活用してください。

みなさんが社会のなかで生きていくうえで、本書が少しでも役に立てれば、著者である私にとって大きな喜びです。

第1章　社会とは何か

1　私たちは社会とともに生きている

私たち人間は、いつも**社会**とともに、生きています。「はじめに」でも述べたように、生まれてから死ぬまで、私たちは常に様々な社会集団・社会的制度と深く関わり、それらのなかで生きていきます。生まれる時も亡くなる時も、たいていの人は医療機関のお世話になりますし、出生と死とのあいだにも、たくさんの社会的集団の一員となって生きていきます。家族・学校・地域社会・会社・国家・宗教団体などなど……これらの多数の社会集団に私たちは同時に所属し、そのお世話になり続け、そのおかげで、私たちの生活はより安全で便利になり、様々な欲求・必要を満たすことができます。

私たちは、そのようにして、生涯を通じて、あらゆる局面において、常に社会とともに生きています。そして、その諸々の社会集団のありかたを、私たちは個人の力によってはほとんど変えることはできませんし、必ずしも選ぶこともできません。生まれる時代も国も、生まれ育つ家族も、私たちは選ぶことができませんし、生まれた時に与えられる戸籍も選べません。学校や会社は選ぶことはある程度できますが、学校や会社の中身を個人の力で変えることはなかなかできません。そうした意味で、私たちは、社会というものにたいして、圧倒的に受け身な存在、つまり、社会によって、多くの便益を得るとともに、その存在のありかたを大幅に決定された存在だ、といえるでしょう。

とはいえ、もちろん、私たちは社会に一方的になんでも決められお世話になっているだけではありません。社員として会社の営利活動に貢献したり、消費者として経済活動をしたり、主権者・納税者として地域の行政や国家機関を支えたりもします。また、ここ数十年のあいだに情報機器が革新的に進歩して私たちをより緊密に社会につなげています。私たちは、インターネットによって常に日本中・世界中の様々な情報に接することができるようになりましたし、自ら広く発信することも容易になりました。親しい人たちや同じ趣味・嗜好をもった人たちとも昔よりも緊密に連絡を取りあうことができるようになりました。そのように、私たちは、社会のなかで自ら選択して自分の日々の生活や人生の歩み方をある程度決めることができますし、社会にたいして貢献することもできます。また、現在の日本は民主主義社会ですから、建前としては、国家や地域社会の大事なことは自分たちの意思によって変えられる権利と義務をもっていることになっています。

このように、私たちは能動的に社会を支えコントロールすることができる側面もあるのですが、しかし実際には、私たち自身が思っているよりも、私たちははるかに深く社会的なものにたいして受け身な存在なのだと思われます。今日の私たちには多くの権利が与えられ、国家・社会を維持しようとよいものに変える権利と義務をもっていますが、それもまた先人たちがその長い歴史のなかでつくりあげてきたものであって、私たち個人の力で獲得したものではありません。私たちは社会的かつ歴史的な存在として、今ここに生きているのです。

社会的な力は、私たちの日々の行動も規制しています。例えば、私たちは、それぞれの社会のなかで一定の何らかの役割を担って、「役割演技」をしているはずです。学校のクラスではクラスの一員として、アルバイト先では従業員として、それぞれその場にふさわしいかたちで活動しているはずです。そうすると、私たちは、単に複数の社会に所属しているだけではなく、それぞれの社会集団に応じた複数の人格を生きている、とすらいえるでしょう。私たちは、多くの社会集団のなかで生き、その場での適応を余儀なくされながら、いわば複数の人生を生きているのです。

さらにいえば、社会の力は、私たちの最もプライベートなところにまで及んでいます。恋愛や結婚のような、一見当事者同士だけのプライベートな行為・関係においても、実のところ法的な規制や社会的な価値観が何らかのかたちで作用していて、法的に許されない行為や社会的に許容されにくい関係があります。例えば、成人が未成年者と性的な行為に及べば、それは法的に処罰され社会的に厳しく制裁される可能性があります。

子どもを産むという生物として最も基本的な営みにすら、社会の何らかの力が強く関与していることがわかります。日本では、ここ半世紀以上にわたって出生率はほぼ一貫してゆるやかな右肩下がりです。一九七〇年前後には、人口千人にたいして年間二〇人余りが生まれていたのが、その後年々ほぼ着実に減り続け二〇一六年には八人弱となっています。子どもが生まれるかどうかは、一組の男女の、ごくプライベートな事情や思いのなかで決まるはずです。にもかかわらず、日本社会全体でみれば、出生率が一定の傾向で長期的に減っているのですから、そこには何らかの外部的で社会的な一定の「力」が長期にわたって働いていることが想定されます。

類似の長期的傾向は、平均余命、初婚の平均年齢、第一子の平均出産年齢、大学進学率（いずれもゆるやかに上昇）、婚姻率（ゆるやかに下降）などにもみられます。自殺率は、やや複雑な増減をしてきましたが、国際的にみて、日本は、とくに男性については、一貫してかなり高いほうです。いずれも一人の人生を左右するような重大な出来事であって、にもかかわらず一定の傾向が持続するということから、私たち一人ひとりにたいする社会の力の深い影響、つまり私たちの存在の、社会にたいする圧倒的な受け身性がうかがえます。

2　二つの社会

ところで、かくも私たちの生活と人生全体に深く関わるところの、「社会」とは、そもそも何でしょうか。もっともシンプルには、社会とは人間のつくる集団のことだ、といえます。ですから、企業とか国家も社会ですし、この人類の住む地球全体も一つの社会だといえるでしょう。そして、家族も社会の一種です。日常用語としては、家族は社会ではない感じですね。例えば、「社会人」という言葉は一般的には、子どもたちや専業主婦、あるいは失業者や仕事をリタイアした高齢者を含みません。ですが、**社会学**では、家族もりっぱな社会で、むしろもっとも基本的な社会集団と位置づけていて、研究の中心的対象の一つとしてきました。

社会とは集団であるとはいっても、社会学で扱う集団はかなりゆるやかなつながりしかないものも含みます。研究者によっては、たまたまエレベータで乗り合わせた人たちですらも、一つの集団とみなして、社会学的研究の対象にすることすらあります。ですから、社会学では、少しでも何らかのつながりがあれば、それはもう社会なのです。そのように社会を幅広く定義すると、私たちは誰でもいつでもたくさんの社会に所属している「社会人」なのであって、私たちがいつも社会とともに生きている、というのはますます当然のことになります。

ただ、どんな集団も社会だということにすると混乱しますから、社会学では社会を大きく二つに分けて考えてきました。少し抽象的な議論になるのですが、本書全体の趣旨を理解するうえでも大事なところですから、ぜひ理解してください。

一つは、顔見知りの親密な関係の人たちが織りなす社会で、「**共同体**」という言葉でよんでいます。家族がその代表で、親族関係や友人関係や恋人との関係、あるいは隣近所の人たちとの関係も、その種の社会＝共同体となります。共同体にあたる言葉は英語ではcommunity（コミュニティ）で、これはどちらかというと地域社会というニュアンスが強いですね。ドイツの社会学では、gemeinschaftといい、日本の社会学ではゲマインシャフトとカタカナで表記して使っています。「生活世界」という言葉を使う人もいます。これは共同体やゲマインシャフトとだいたい同じ意味ですが、庶民の日常生活に焦点を当てた概念です。

もう一つ、必ずしも親しくもないし知り合いですらないような人たちが織りなす社会があります。これらの社会にあっては、人々は仲がいいから一緒にいるのでは必ずしもなくて、むしろ公共の福祉や営利といった具体的な目的があって、その手段として集団をつくっています。具体的には、組織としての国家や各種の役所、あるいは民間企業などはみなこうした意味の社会で、ドイツの社会学では、ゲマインシャフトと対比して、gesellschaftといって、日本ではこれをゲゼルシャフトと表記したり、「利益社会」と訳したりする場合もあります。日本語の「社会」の日常的な使われ方は、むしろこちらに近いでしょう。英語ではsocietyが対応しますが、societyやsocialというと、社交とかつきあいというニュアンスもあるようです。社会科学では「産業社会」とか「社会システム」といった言葉も使われます。これらは、ゲゼルシャフトとほぼ同じ意味内容ですが、より高度化したもの、という意味合いがあります。本書では、こうした意味での、共同体とは区別されるところの社会のことを**システム**とよびたいと思います。

この、共同体とシステムという二つの「社会」――「私」と「公」といってもよいでしょう――は、根本的に異なる原理で動いています。前者の集団は、親密な人間関係の営みを原理としていて、構成員は誰もが代えのきかないかけがえのない存在です。後者の集団は、ルールと貨幣を原理としていて、構成員は取り替え可能です。そのことは、例えば、人が死んだ時のことを考えればわかりやすいです。共同体では、構成員の一人が死ぬと、それは共同体全体にとって取り返しのつかない打撃になるのが普通です。例えば、お母さんが幼い子どもを残して死んでしまったら、子どもたちにとってはとてつもない悲劇です。感情的にも生活の運営者という点でも、お母さんの代わりは容易にはみつかりません。対照的に、システム的な集団においては、構成員の一人が死んでも、通常はさほど困りません。ルールに則って代わりの人を選んで採用し、しかるべき報酬を払って働いてもらえばいいのです。そういう点で、共同体よりもシステムのほうが、より強靱で壊れにくいといえます。

学校は、共同体でしょうか、それともシステム的な集団でしょうか。例えば小学校だと、クラスのみんなは仲がいいし、先生も親代わりのように親切というのが普通ですから、これは共同体だと思えるかもしれません。しかし、学校の原理は純然たるシステム的なものです。法令に基づいて学校は設置され、公立の学校であれば税金で、私立学校であれば授業料で運営されます。どんなに仲がよくても、一定の年限がくればクラスメートとも先生ともお別れです。人間関係ではなく法と金を原理としているのですから、学校は根本的にはシステムなのです。

3　共同体の普遍性とシステムの巨大化

ここで、この二つの社会、すなわち共同体とシステムとの関係を歴史的にごく簡単にふりかえってみましょう。

人類の歴史をさかのぼると、システム的な社会よりも共同体のほうがはるかに古くから存在し、ほぼ普遍的なものだということがいえます。有史以来、人間は常に何らかの家族をつくってきたのです。なかでも、哺乳類である人類にとって母子関係を一定期間維持することはその存続にとって絶対に必要なもので、家族はこの母子を支えるものとしてずっと存在してきました。さらに、この家族を中心とする、親族関係や近隣との関係も共同体的なもので、農耕をはじめるようになってからはとくに、人類はこうした共同体を維持し発展させてきました。

共同体にたいして、システム的な社会はいつごろ生まれたのでしょうか。これは厳密に考えるとなかなか難しい問題なのですが、一番大きなきっかけとなったのは一八世紀後半にイギリスではじまった産業革命であるといえるでしょう。

産業革命以前の人類社会の多くは農業社会でした。そこでは労働は、人力や家畜の力といった生物エネルギーにもっぱら頼っていました。しかし、産業革命が起こると、まずは蒸気機関による蒸気の力という新しい力が生まれ、それを動力とする新しい機械が発明され、各種の工場が操業をはじめます。そうすると、社会の生産力が飛躍的に高まって、社会全体が農業社会から産業社会へと生まれ変わっていくのです。この変革は、**国民国家**（⇩5章）とよばれる国家体制・政治体制の形成と結びつきながら、人々の生活のありようや文化全般をも変革していきました。このような、産業・経済・政治・文化といった社会のあらゆる面での変革の過程を「**近代化**」といい、近代化された社会を「近代社会」といいます。

　この産業化・近代化のなかで、貨幣と法律を原理とする各種集団、すなわちシステム的な集団が数多く設立されます。各種の公的機関や民間企業がその中心ですし、近代化を支える人材を育成すべく、学校も全国につくられました。近代化のさらなる進展とともに、これらのシステム的集団はそれぞれにより効率的・合理的に再編され専門性を高め、相互に利用しあい依存しあうようになります。こうした過程を社会学では「**社会分化**」といいます。農業社会であれば、それぞれの村落に共同体があるわけですが、それらは相互によく似た同質な集団でそれぞれかなりの程度自律して運営されます。しかし、近代社会では、各種のシステム的集団はそれぞれ目的や役割を特化させて相互に異質な存在です。そうした異質性が高まっていくのが「社会分化」であり、それは社会集団相互の依存を前提とし依存を深めていきます。

　近代化以前にもシステム的な社会集団はまったくなかったわけではありません。かつては、武士団や同業者のグループである「座」や宗教的・経済的な相互扶助の団体であった「講」などの活動が盛んな時期がありましたが、これらは血縁や地縁にも依拠しながらも、一定のルールのもと構成員を取り替え可能なかたちにして存続していましたから、半ば共同体で半ばシステムといってよいものでした。

　近代化が本格的にはじまると、共同体的な集団とは明確に異なる原理をもったシステムが発展をはじめますが、近代化の初期の段階では人々はまだ、この二つの社会をあまり区別せず混同していたようです。例えば、日本語には「世間」とか「世の中」という言葉があります。これは、必ずしも親しいとまではいえないけれど知り合いの人たちが織りなす社会を指すことが多く、夏目漱石は『草枕』で、世間のことを「向こう三軒両隣にちらちらする唯の人」ととらえています。つまり、世間とか世の中とは、システム的な少し冷たい感じのする、かなりゆるい共同体として受け止められていたと思われます。今日の日本ではそうした「世間」は衰退してきているようにもみえますが、一昔前の日本人は、「世間がどう思うか」というのをずいぶん気にしたものです。ですから、近代化の初期段階では、共同体とシステムとしての社会とは、人々の主観ではあまりはっきりとは分離していなかったのが、近代化の進展とともに、多くの人の実感としても、共同体＝家族と、システムとしての社会とは、かなり違うものとなっていったのでしょう。

こうした近代的でシステム的な社会の発展は、飢えや病のリスクを大幅に低減させるなど、人々に物質的な豊かさをもたらしてきました。各種のシステム的な社会集団は自分たちの利益を最大化しようと努力するわけですが、それが結果的に「神の見えざる手」によって社会全体・人類全体の利益の拡大につながっていくとされました。神の見えざる手とは、個々の人・集団が自分の利益だけを追求することが、結果として社会全体の利益の増進につながる、という社会的法則を比喩的に表現したものです。技術・資源・食料・娯楽……あらゆるものがこのようなシステム的な社会の発展によって、質を高めコストを下げ、人々の生活を急速かつ飛躍的に豊かにしてきました。

そうしたなかで、近代社会の発展は、人間同士・集団間の互助的な関係を大いに促進しました。例えば、スマートフォン一台をとっても、世界中のメーカーの部品を集めて組み立てたものだというのはよく知られていますね。ほとんど無数とさえいえるほどの多数の集団の共同作業によって、私たちはとても便利な生活を送ることができるようになったのですが、この相互依存によって国家間の戦争が難しくなり、より平和な世界が生まれつつあるといえるでしょう。近年の用語である「グローバル化」とは、こうした産業資本主義的なシステムがどんどん広域化し世界全体に広まり、相互依存の関係が世界的に深化していく過程のことだと考えられます。

4　社会は人間を社会化する

こうした近代的な「社会」の巨大化・精密化は、個々の人たちの人生にも大きな影響をもたらします。

人間は元来は共同体のなかで生まれ育ち共同体のなかで死んでいったのですが、産業資本主義の勃興のなかで、この共同体のなかにいた人たちを資本主義的なシステムに大量にリクルートし労働者として働いてもらう必要が生じました。そこで、人々をシステムの担い手としてふさわしい存在に変容させようという動きが、近代化の当初にはじまったのです。

その中核にあるのが学校教育です。学校では、まず何よりも読み書き・計算の習得が目指されますが、これはまさに利益社会＝システムにおいて必要な能力です。ほかにも、より高度な知識を身につけることや、衝動的な言動を慎んで穏やかなコミュニケーションができるようになることなども、学校で教育・指導されるわけですが、これらももっぱらシステムの内部で必要とされることです。

日本でいえば、江戸時代には学校にあたるものは、藩校や寺子屋などごくわずかしかなかったのですが、近代化が本格化する明治以降には全国津々浦々に国家の力で小学校が開設され、原則として全員が通わなくてはならなくなり、中学校や高等学校なども順次拡大してきました。教育水準は年々向上し、日本は世界で最も教育水準の高い国の一つになりました。

このように、学校教育において行われるような、子どもたちがその所属する社会にふさわしい存在へと変容していくことを、社会学では「**社会化**」といいます。この社会化の内容は広範なものであって、しゃべり言葉としての言語の習得や感情の適切なコントロールといったもっとも基本的なことから、読み書き・計算やより高度な知識の習得といった学問的なこと、あるいは適切なコミュニケーション様式の習得やその場にふさわしい服装などといった賃労働の現場におけるふるまいにまで及びます。

社会化は、前近代社会でももちろんあったはずです。しかしそれはわりと単純なことで、共同体のなかで成長し共同体を担う大人になるということでした。それは言語やマナーを習得し家業や家事に習熟するといった程度で、さほど複雑なものではなかったでしょう。貨幣や法律といったシステム的な制度も未発達でした。しかし、近代的なシステムが発達すると、社会化の中身がより複雑に高度なものとなっていきます。そのため、時代とともに学校教育を受ける期間は次第に長くなっていきます。

かつて大学に進学する人はほんのわずかでしたが、今日では六割程度の人が大学・短大に進学しており、大学院に進学する人や各種の資格のために勉強している人も増えています。企業に就職しても、まずは「新人研修」などといった社員教育を受けたりもします。

このようにシステムが巨大化・精密化し、人間がより強く長く社会化されるなかで、共同体はその規模と機能の両面で縮小してきました。かつては、人間が生きていくために必要なもののほとんどすべてを家族を中心とする共同体がまかなっていました。家も食べ物も服も、みな自分たち自身の力でつくり自分たちで使っていたのです。しかし、システムの拡大・発展とともに、多くのことは家族の外部の社会が行うようになりました。家は業者に建ててもらい、食べ物はスーパーで買い、服もできあいのものしか着なくなりました。教育や医療も大部分が外部に委託されています。今では、家族は主に日々の消費と子育てや介護の場に縮小してきていますが、それらすら次第に外部委託されるようになっています。それでも家族は、普遍的な必要性があってなお小規模化しながらも存続していますが、親戚づきあいや隣近所とのつきあいといった共同体的な関係は、今日ではかなり希薄になってきました。より多くの人（とくに成人男性）がより多くの時間を、共同体よりはシステムのなかで、労働者あるいは消費者として費やすようになったといえるでしょう。そう考えると、近代化とは、共同体からシステムへの人間の大移動の歴史であったといってよいでしょう。

こうした事態を、システムによる生活世界＝共同体への侵略である、とネガティヴに考える社会学者や思想家もいます。本来、人は親しい人たちの集まりである自律的な家族・共同体のなかで生まれ育ち、親しい人との関係のなかに幸せを感じる生き物であるはずなのに、その人生の時間とエネルギーの多くを利益社会的なものに収奪されてしまっているのではないか、ということです。システムがますます計算高く合理的で強力な装置となっていく一方で、個人の力は弱く、子どもたちはいつもたいした力をもっていません。そのため、ともすると、私たち個人や個人の織りなす共同体は、巨大で強大な社会によって利用され収奪されてしまう危険性が生じます。「社会化」のこうした負の側面を強調する概念として、「**主体化**」というものがあります。主体化とは、第5章第4節でも学びますが、国家的な権力の作用のなかで、その力を内面化・身体化して、国家的な秩序に積極的に迎合し自走的に動く人間に変容していくことをいいます。

こうした考え方には、一面の真理があるといってよいでしょう。とくに、世界の人口の一パーセントの最富裕層が世界全体の富の八割を独占している、などという格差社会の実態を知らされると、システムがいかに強力な収奪装置であるか、思い知らされます。私たち人間は常に社会とともにある、といいましたが、この「ともにある」ことには、権力と収奪の関係という側面がある、ということも忘れてはなりません。そして、おそらく、私たち人間は、以下の章でも論じますが、巨大なシステムのなかの活動によっては幸福を実感するのは難しいようです。人に生きがいや幸福感をもたらすのは、直接的には、親しい人との関係であり、とくに愛情のともなう関係です。だからこそ、利益社会＝システムによる生活世界の収奪・侵略は深刻な問題なのです。

とはいえ、こうしたシステムの強大化と共同体の衰退は、利益を求めて拡大を続ける貪欲なシステムの強制であるとともに、多くの一般の人が望んだ結果でもあります。近代化がはじまった当初は、家族とは抑圧の象徴でした。家には家父長が君臨し村には理不尽な慣習があって、個人の自由を奪っていたとされました。一見、親しげな関係であっても、それは多くの場合選択できない強いられた関係であって、そうしたところでは恨みや嫉妬といった感情やある種の攻撃性がわだかまりやすかったのかもしれませんし、暴力に歯止めがききにくいという大きな問題もありました。それにたいして、近代国家が保障する人権や産業社会が提供する労働機会、あるいは都市社会に花開いた各種の文化などは、多くの人を強制や暴力の恐怖から解放し、多様な人生の選択肢とともに、自由と富と夢を与えるものとして歓迎されたのです。日本では明治以降、郷里（家と地域といった共同体）を捨てて都市（システム）へと向かう人の流れがとぎれたことはありませんが、それは人々が積極的に望んでそうしてきたのです。とくに、伝統的な家族のなかで力を十分にはもてなかった女性や、あるいは家を相続する機会のなかった次男・三男といった人たちにとって、イエ共同体を離れて都会で働き都会で家族を営むことは、大いなる憧れであった時代が長く続きました。

ますます巨大化しグローバル化していくシステムと、より縮小しながらもより親密な場所となってきた共同体……そうした大きな展開のなかで、社会はどのように私たちの人生に関与し、そこにはどんな問題が潜んでいるのでしょうか。私たちが生きていくためには、どのような社会・共同体がより望ましいのでしょうか。この本では、そのような問題意識をもちながら、人間と社会との関係の具体的で本質的と思われる様々な局面を、生まれてから死ぬまでという時間軸にそって、みていきます。そうすることで、私たちの生に深く関与している社会というものについて、完璧ではないにしても、より適切に理解し、それへの対処法を考えることができるようになるでしょう。私たちは、社会のなかで圧倒的に受け身な存在であることを余儀なくされているからこそ、その社会なるものをよく見定め、自分たちの意思で生きようと努めなければなりません。

考えてみよう

- 「社会」とは何であるか。本章での説明や「コラム」も参考にしながら、自分の言葉でまとめてみよう。
- 「近代（modern）」の意味や用例について調べて、まとめてみましょう。
- エミール・デュルケームは、近代社会の特徴として「無機的連帯」から「有機的連帯」への転換を指摘しました。この転換はどのような現象なのかを調べて、この説の妥当性について考えてみましょう。
- 国家組織は、根本的にはゲゼルシャフトですが、同時に共同体的な部分もあります。それはどんな部分なのか、またなぜ国家には共同体的な部分があるのか、考えてみましょう。
- 日本社会において「長期的傾向」といえるもののなかから一つを選んで、その実態を調べたうえで、その原因としてどんなものがあげられるか、考えてみましょう。

■キーワード

社会（society）　多義的な概念だが、もっとも単純にいえば、人間のつくる各種集団のこと。学校、地域社会、民間企業など各種の組織、国家などもすべて社会であり、なかでも家族は最も基本的な集団＝社会である。また、全体社会といえば、そうした数多くの人間集団全体のことをいう。

社会学（sociology）　社会学は一九世紀半ばにフランスで生まれ、社会なるものには、諸個人の総和には還元できない独自の力があるという仮説のもと、フランス・ドイツ・米国を中心に発展した。日本の大学ではとくに幅広い研究を受け入れる分野として人気がある。

共同体とシステム（community, system）　社会の最も重要な二つの類型。前者が親密さを基盤とするのにたいして、後者は何らかの利益の獲得のためにつくられた手段であり、法と貨幣を原理として運営されるが、その存続と発展が自己目的化する場合がある。また、最近では、インターネット上での交流を、このどちらにも属さない第三の社会とみなすこともある。

近代化（modernization）　産業革命後に起こった、社会全体の急速な変容の過程のこと。なお、英語では、近代も現代もともにmodernであり区別されないが、日本語で「近代」というと、この産業革命後の時代をいい、「現代」というと、今現在とか最新、というニュアンスが強い。

社会分化（social differentiation）　社会の近代化・高度化とともに、全体社会のなかの様々な社会集団・社会的要素がそれぞれ個性化し相互に依存するようになる過程。いわゆる「分業」はこの経済・産業的な側面であって、「社会分化」はそれにとどまらない社会全体の異質性と相互依存の進展を意味する。例えば、文化的な産物も、それぞれの人たちの嗜好に応えるべく、次第により多様で特殊なものが生まれ消費されるようになってきたが、それもまた社会分化の一側面である。

社会化（socialization）　人間が成長するなかで所与の社会の一員としてふさわしい存在に変容していく過程のこと。一人の人の社会化は多岐にわたり、言語、知識、立ち居ふるまい、美意識、価値観など、生活と人生のあらゆる部分に関与する。社会化は、本書の中心的テーマである。

■さらに学ぶための本

エミール・デュルケーム（田原音和訳）『社会分業論』ちくま学芸文庫、二〇一七年

近代社会において人々が自律し個性的になっていく一方で、社会的な分業（つまり社会分化）の進展のなかで社会にたいする依存を深めていくことを論じた、社会学の古典。

マックス・ヴェーバー（大塚久雄訳）『プロテスタンティズムの倫理と資本主義の精神』岩波文庫、一九八九年

ヨーロッパにおいて産業資本主義が生まれた複雑なプロセスを、宗教的要因に焦点をあてて仔細に解析した、社会学の古典。

竹沢尚一郎『社会とは何か――システムからプロセスへ』中公新書、二〇一〇年

社会学の歴史についてコンパクトにまとめるとともに、この章で取り上げたシステム的な社会と共同体の関係についてより詳しく解説している。

加藤秀俊『社会学――わたしと世間』中公新書、二〇一八年
放浪者にあこがれる著者が、近現代の日本社会にそくして、「世間」を生きる人々の様々な姿を軽妙洒脱に描いている。

コラム　日本人にとっての「社会」のイメージ

みなさんは「社会」という言葉をきくと、どんなものをイメージしますか。日本語における「社会」の使い方を分析すると、どうやら日本人にとって「社会」とは、「うち＝内・家」とは異なる「よそ＝他所」として受け止められていることがわかります。

「社会」の日常的な使われ方は、大きく分けて二つの種類に分類できます。一つは、漠然とした人間の集合体という意味での社会です。「現代社会」「日本社会」「地域社会」などの「社会」です。この場合の社会は「人々」と言い換えることができます。それぞれ「現代の人々」「日本の人々」「地域の人々」と言い換えても、ほとんど同じ意味合いです。「社会現象」や「社会問題」の「社会」もおおよそ「人々」の意味といってよいでしょう。この「社会」＝「人々」とは不特定多数の人のことで、親しい身近な人たちというニュアンスはありません。もう一つの「社会」の意味は、「社会人」という場合の「社会」です。この「社会」は、大人たち

が会社などで賃金をもらって労働をしている世界のことを意味しています。子どもや学生や専業主婦や年金生活をしているお年寄りなどは、社会人とはみなされません。自営業をしている人は微妙ですが、「今年から社会人になった」などというと自営業をはじめたとは想像しにくいですから、やはり会社で働いている人が「社会人」のようで、おおよそ「社会人」＝「会社員」です。この場合の「社会」は、本章で説明した「システム」に近いニュアンスになります。

いずれの場合でも、日本語における「社会」は、自分の身近な家族や友だちのことではありません。ですから、日本人にとって「社会」とは、自分たちのものというよりは、身近な共同体の外にある何かで、「よそ」にある「よそよそしいもの」であるようです。こういう社会観が日本で根強いのは、おそらく、急速な近代化を余儀なくされた日本の歴史ゆえなのでしょう。

「社会」は、よそよそしいものでも、常に私たちとともにありますし、金銭をはじめ様々な豊かさを提供してもくれますし、私たちの日常生活をいろいろなかたちで規制してもきます。日本人は「社会」にたいして、親しみは感じられないけれど、何らかのかたちで関わっていかざるをえないものとして、複雑な感情を抱いているのだろうと思います。

第2章　出生をめぐる社会学

1　生まれるまえ

母親のお腹から赤ちゃんが生まれることは、基本的には母と子の生物としての営みです。しかしながら、それは同時に、夫婦の問題でもあり、家族の存続や再生にもかかわり、さらには地域や国家の存立にもつながっていきます。そういう意味で、生まれることはすでに社会的現象という側面が強いのです。

とくに、近代社会（⇩1章）は、女性の出産に強い関心をよせ、それを支援したり抑制したりしてきました。第二次世界大戦中の日本は国策として「産めよ殖やせよ」と女性が妊娠・出産をすることを奨励しましたし、隣国の中国では長いあいだ「一人っ子政策」を実施し出産を厳しく抑制してきました。日本を含めて今日先進国の多くでは、出生数が年々減っていく傾向を改めるべく、女性が出産・子育てをしてくれるように、様々な支援策を実施しています。いずれにせよ、出産・出生は、家族をはじめとする**共同体**（⇩1章）だけではなく、**システム**（⇩1章）的な社会全体にとっても、今日ますます重大な関心事になっています。

一人の人の人生を出生以前の出発点にまでさかのぼると、母親の卵子と父親の精子の受精にいきつきます。受精卵ができて、それが細胞分裂を繰り返しながら母親の子宮のなかに着床して成長をはじめる……といったかたちで人間の生はスタートします。さすがに、受精までさかのぼると、それは男女の性交のあとに女性の子宮のなかで起こるかなり純然たる生物的な現象で、社会的なものは直接的には関与してこないようにみえます。しかし、今日では、すでにこの受精の段階で社会システムの様々な作用が、とくに直接的には、生殖に関わる技術が関与しています。

歴史的にみるとなかでも重要なのは、避妊の技術が発達してきたことです。比較的確実な避妊法が普及したのは、日本では第二次世界大戦後で、それ以前には妊娠はコントロールしにくいもので、そのため多くの女性はその生涯のなかでかなりの回数にわたり妊娠し出産しました。望まれないで生まれる子どもも多かったようで、一般的に子どもはあまり大切にされずにずいぶんぞんざいに扱われていた、と歴史学者は指摘しています。しかし今日では、性交を繰り返しても妊娠を避けることがかなりの程度可能になりました。社会学では、このように妊娠・出産をコントロールできるようになった歴史的な現象を、「性と生殖の分離」などといいます。そうなると、赤ちゃんはたいていは両親が諸般の事情を勘案し計画して希望した結果生まれてくることになります。赤ちゃんが以前よりも大切に育てられ、子どもの価値が高まってきたことには、そうした背景もあると思われます。

最近では、避妊法だけではなく、生殖に関わる様々な技術が開発され不妊治療を受けて出産する女性も増えてきました。人工授精が最初に行われたのは英国で早くも一七七六年であったと言われています。以来、不妊治療の技術は次第に発展し、今日の日本では多くの人が不妊治療を受けています。体外受精だけでも、年間四五万件近く行われ、五万人以上の子が生まれています（二〇一六年）。一八人に一人が体外受精で生まれているのです。冷凍した卵子と精子を時間がたってから解凍して受精させることも技術的には可能になっていますから、両親の死後に子供が誕生する、などといったSF的なことも夢ではなくなってきました。ほかにも、代理母による出産など様々な生殖技術が実用化されています。

いうまでもなく、医療とはシステム的なものです。医療技術の開発には国家予算が投入されますし、製薬会社や大小の病院が関与します。また生殖技術の多くには保険は適用されませんが、医療一般の多くには保険という社会的な仕組みが適用されます。現場で医療に従事する医師や看護師は国家資格をもっています。また、生殖技術の実施については倫理的・感情的な抵抗感が大きく、法的にかなり強く規制されています。例えば、日本では代理母による出産は法的に認められておらず、希望する人は米国などで代理母による出産の手配をしたりしています。クローン人間の開発は、技術的にはすでに可能なはずですが、世界的に禁止されています。このように生殖にかかわる技術は、単なる技術の開発・行使を超えて、国家予算や法による規制などのシステム的なものの強力な作動のなかで行われるのです。

なお、一般的にいって、医療は、社会の**近代化**（⇩1章）のなかで次第にその活動の領域を広げてきました。かつては医療は身体的な疾患だけを対象としその治癒を目指していたはずですが、今日では、生殖関係もそうですし、健康管理全般や精神的な不調、あるいは美容整形やアンチエイジング、さらには遺伝子のレベルの操作にさえその活動範囲を急速に拡大しています。このような医療の拡大の過程を社会学では「**医療化**」といいます。日本では、学校や職場で年に一度の健康診断があって、みんなが半ば強制的に医療の対象となっていますが、これも社会の医療化の一局面です。先進国、なかでも日本は、どんどん肥大化する医療費を国民皆保険の制度によって支えていて、国民・国家にとって非常に大きな経済的負担となっています。今日では、医療は、国家的・法的・技術的・経済的・倫理的な複合的行為であって、複雑で巨大な社会的システムのなかで行われています。

さて、着床した受精卵のその後の運命には、医療システムだけではなく、法的なルールが深く関与してきます。自然に流産するのであればそれは直接的には生物的な現象ですが、人工妊娠中絶は人為的で社会的な現象でもあります。日本では、統計上は年間一六万件以上の中絶が行われているともいわれますが、これは出生数の六分の一程度にあたります（なお、統計によれば、一九五五年がピークで約一一七万件であり、それ以降一貫して減少しています）。

このように中絶は実際には頻繁に行われているのですが、それが法的・倫理的に許されるかどうかは、時代と国によってずいぶん異なり、キリスト教圏では中絶を神の創造した生命への冒瀆として反対する運動が根強く存続する一方、日本社会では伝統的に中絶にたいする文化的な嫌悪感はあまりみられません。それでも、当然ながら一定の法的規制はあって、中絶を選択するためには、妊娠が強姦によるものか、あるいは妊娠の継続によって母体に危険が及ぶ、という理由が必要とされています。単に経済的に生活が苦しくなるのでという程度の理由だけでは本来は法的に許容されないのですが、それを理由に中絶する人が多いのが実情で、罰せられることは実際にはありません。ただし、中絶は妊娠二二週未満までと決められていて、それ以降の中絶の実施は堕胎罪という罪に問われえます。

また、中絶した場合には、母親がそのことに罪悪感を抱くということも昔から知られています。「水子供養」とは流産や中絶で死んでしまったわが子を供養するという意味で、寺社の片隅などに供養塔が建っていたりします。近年では、出生前診断も広く行われていて、例えば胎児の段階で障害をもって生まれてくることがある程度の確度で予想できます。その場合中絶を選ぶのかどうかは、両親に課せられる重たい選択になります。

このようにして、お母さんのお腹のなかにいる段階で、「人」（法的にはまだ人ではありませんが、生物学的にはまぎれもなくヒトです）には、新旧の生殖に関わる技術や法的な規制、あるいは文化的に伝承されてきた慣習といった社会的なものが多重に関わっていて、そのなかには胎児の生死に直結するものもあるのです。私たちは、このようにして、生まれてくるまえからすでに社会的なネットワークのなかに深く埋め込まれているわけです。

2 出生の時

出生とは、女性から子どもが生まれることです。

この出生も、緊密な社会的ネットワークのなかで行われますが、なかでも重要なのは、今日では、やはり医療です。昔は出産は、産婆という専門家に来てもらうことが多い時期もありましたが、ともかくも自宅で行うのが普通でした。しかし、社会が近代化し医療制度が充実するなかで、ほとんどの人は病院で出産するようになりました。以前は子どもは夜間に生まれる場合が多かったのですが、今日では昼間に生まれる場合が多くなっています。これは、病院側の都合でそうなっているのです。

医療が高度化するなかで、妊娠・出産にともなう母子のリスクは劇的に低下してきました。元来、お母さんのお腹のなかから赤ちゃんが生まれてくるのは、生物としてかなり危険な現象です。子宮という胎児用につくられた環境から外界に出るのは赤ちゃんにとっては急激な環境の変化ですし、母親にとっても危険な活動です。ヒトは二本足で暮らすようになったため胎盤が小さく、そのことで出産が難しいともいわれます。かつては、多くの新生児が出生の前後に亡くなりましたし、母親もしばしば亡くなりました。しかし、今日の日本ではもっぱら高度な医療のおかげで、妊娠期、経産期、新生児期のいずれをとっても、母子ともに死亡率が極めて低く、世界一を争う水準だそうです。

日本だけではなく、世界中で医療技術の発展が、栄養状態の改善や衛生水準の向上とともに、出産・出生時の死亡率を激減させてきました。そのため、出生率がまだ高かった近代初期には、人口爆発という現象が起きました。近代化が進み成熟社会の段階をむかえると、出生率も下がり人口減少がはじまる、というのが一般的な長期的変動の傾向です。医療技術の発展は、個人の人生のスタート時点においても、また人類社会の発展というマクロな現象にたいしても、本質的な重要性をもっているのです。

ところで、多くの人はきっと、自分のことを両親の子ども、とみなしているでしょうが、そういう理解はかなり文化的なバイアス（偏り）の入ったものと考えられます。というのは、確かに遺伝子レベルでは、母親と父親の両方からほぼ均等に情報を受け継いでいますし、法的にも両親の子どもとみなされます。けれども、実際に胎児をお腹のなかで育て出産するのは母親です。最初の受精のさいには父親の精子が必要ですが、そのあとの成長はもっぱら母親と胎児の相互の関係のなかで進みます。受精卵が母親の子宮内に着床し、子宮という赤ちゃんのための空間のなかで母親から絶えず酸素と栄養素を供給されながら、十ヶ月ばかりのあいだ子宮のなかで育ちます。また、生まれてからも、普通は半年から二年ほどのあいだは、もっぱらお母さんの乳を飲んで育ちます。今では人工乳など代替手段が開発されましたが、昔はお母さんから乳が出ないと生命に関わりました。子どもの出生と成長にとって、父親はいなくともなんとかなりますが、母親がいないと生存の危機に脅かされたのです。

ところが、歴史的にふりかえると、多くの文明・文化圏では、**父系制**（⇩3章）といって、生まれてきた子どもは母の子であるよりも父の子であることが強調されます。現代の日本の家族システムにも父系制的なところが残っていて、生まれてきた子どもはたいてい父方の姓を名乗ります。まるで、子どもは母方よりも父方に属しているかのようで、この父から受け継いだ姓を男性であればたいていは一生背負っていきます。こうした点にも、私たちの存在の社会性があります。私たちがいかなる存在であるのかは、生物としての事実や生殖技術による操作だけではなく、社会的・文化的にも規定されるのです。かつて、アドリエンヌ・リッチという米国の**フェミニスト**が「すべての人は女から生まれる」と言って、これが家父長制的社会を批判する一種のスキャンダラスな警句のように受け止められたそうですが、そのことは私たちの社会が近代化されてもなお、父系的な**イデオロギー**（もっといえば偏見）をもっていることを示しているといえるでしょう。ちなみに、かつては逆に、ある種の**母系制**（⇩3章）の社会においてみられたように、生物学上の父親が誰であるか、あまり気にしない家族システムをもつ社会も存在していました。

ともかくも、出生は、本質的には母子の生物的現象なのですが、そこには医療技術の援助や文化的な解釈といった社会的・システム的なものがやはり強く関わっているのです。妊娠や出産をめぐる様々な儀式や慣習も、それぞれの社会によってかなりの特色があって多様です。

3　社会システムへの登録

生まれると、日本では、二週間以内に「出生届」というものが、親から役所に提出されます。親はそうする義務を課せられています。出生届が提出・受理されることで、生まれてきた赤ちゃんは、日本という国家・社会の一員として登録され、多くの権利と義務をもつことになります。権利と義務のリストは、憲法と法律に書き込まれています。自分の幸福を追求する権利、文化的な生活を送る権利、政治に参加する権利、表現の自由、納税の義務、等々。ちなみに、これらの権利はさかのぼって生まれた瞬間から生じており、出生する以前の胎児には人権は基本的に認められていません。

親のほうにも、子どもにたいする多くの権利と義務が生じますが、権利よりは義務のほうが圧倒的に重くなります。その義務の最大のものは子どもが成人するまで扶養する義務です。親は、子どもの食費や教育費など、子どもが成人するまでにかかる費用のほとんどを負担しなければなりませんし、そうした経済的負担だけではなく、料理を作ったりお風呂に入れたり遊んであげたり病気の看病をしたりと、ありとあらゆるお世話をしていくことになりますが、それは権利でもあり重たい義務でもあります。親には経済的な見返りがないにもかかわらず、子育てを親にほぼ全面的に任せ成長した子どもを労働力として利用しているところにこそ、資本主義的近代社会の最大の「からくり」があるのですが、このことは第9章第3節で取り上げます。

子どもに付与される権利と義務は、長い人類の歴史のなかでつくりだされたものです。そうした何百年にわたる人類の成果を、生まれてきた子どもは生まれるやいなや自動的に一挙に手にするのです。昔の人はそんな権利は与えられませんでしたし、未来の人にも与えられなくなるかもしれません。生まれてきた個人の意思や努力などとはまったく関係なく、膨大な権利といくらかの義務が与えられたり奪われたりするというのは、考えてみれば不思議な現象のようにも思われます。この現象は、やはり、私たちの存在にたいして、社会が圧倒的な力をもっているから生じることなのです。

また、私たちはみな名前をもっていますが、ここにも社会性がみられます。日本人であれば、まず親と同じ姓を名乗ることは法的に定められたことで、自由に選ぶことはまったくできません。また、名前（姓にたいする名）は普通は親がつけ、出生届に記すことで役所に登録されます。名前の選択は日本語の場合わりと自由度があって、そこに何らかの親の願いが込められることが多いですから、名前は社会的というよりも家族的なものです。しかし、それでもある程度社会的な**規範**にそったものになりますし（女の子なら女の子らしい名前、など）、その時代の流行に左右されたりもします。

ちなみに、出生届には医師による「出生証明書」が添付されていなければなりません。医師という国家資格をもった人が、一人の人がこの社会に生まれたことを国家・社会にたいして証明するわけです。なお、人が死んださいには遺族によって「死亡届」が提出されますが、この時も医師による「死亡診断書」が添付されます。私たちは、医師という国家的・社会的な存在によって、この社会に登録され抹消されるわけです。ここにも、社会の医療化の一局面だけではなく、私たちの存在の高度な社会的受け身性がみられます。自分自身によって社会に参加し登録されるのではないし、親によってそうなるのでも必ずしもないのです。そうではなくて、より直接的には医療と行政のシステムによって登録され抹消されるのです。

以上みてきたように、私たちは、生まれる前から生まれた直後でも、すでに社会のいろいろな力にさらされています。私たちは、そのころのことは普通はまったく覚えていません。覚えていない時に、私たちは社会システムに産み落とされ、そこに緊密に、そしてほとんど自動的に、組み込まれているのです。

考えてみよう

● 生殖医療には例えばどんなものがあるのか、その最新の現状について調べて、そこにどのような倫理的な問題があるのか、考えてみましょう。

● 人工妊娠中絶はどのような場合に倫理的に許されると思いますか。反対派と賛成派の主張の中身を調べて、自分の意見をまとめてみましょう。

● ウーマン・リブやフェミニズムの歴史について調べてまとめてみましょう。

● 日本において生まれてきた子どもに戸籍を与えるかどうかは、どのような基準で判断されているのか、調べて、その問題点について考えてみましょう。

■キーワード

医療化（medicalization）　医療が活動の領域を拡大していく過程。医療制度が国家的な巨大権益集団にふくれあがっていくなかで、本来の身体的疾患だけではなく、妊娠・出産のような正常な身体的現象や、精神的な失調、生活習慣、あるいは美容や老化防止まで医療の対象となってきている。この政治的でもある動きは、私たちの人生の諸段階における安全性や快適さを高めるとともに、大きな経済的負担と財政的なリスクを生んでもおり、今日ではさらに、生殖医療や再生医療の発展が、生物としての人間のありかたそのものすら変えようとしている。

フェミニズム（feminism）　社会における権力や財、あるいは威信や価値観といったものが、男性の都合のよいように運用され独占されてきたことを告発した思想の総称であって、二〇世紀以降の最も革新的な思想的潮流の一つ。フェミニストは、女性の立場・決定権・価値・感受性の復権・強化を目指すとともに、人間社会全体のありかたを問い直してきた。

イデオロギー（ideology）　社会的な構造や力が反映されて生み出された、ものの理解の仕方や感じ方の内容をいう。規範とよく似た意味だが、社会的な力の影響のために正しい認識からずれているというニュアンスが強い。勤勉や倹約を良しとする通俗的な道徳は、近代日本では一般的な規範であったが、それが資本主義の勃興期にあった日本国家の必要から生まれた道徳だとするならば、それはイデオロギー的なものである。

規範（norm）　一つの社会集団のなかである程度共有されている、なすべきこととなさざるべきことの基準。その一部は法律となって制度化され、一部は個々の人に内面化され価値となる。規範の内実は、社会集団によって大きく異なる。

■さらに学ぶための本

アドリエンヌ・リッチ（高橋茅香子訳）『女から生まれる――アドリエンヌ・リッチ女性論』晶文社、一九九〇年

出産の歴史をたどりながら、母であることが父権制のなかでいかに歪められてきたかを雄弁に示した、フェミニズムの古典。

イヴァン・イリイチ（金子嗣郎訳）『脱病院化社会――医療の限界』晶文社、一九九八年

医療制度が利益の拡大を目指して人々の生活圏を侵食してきた過程を告白的に描く社会学の本。

新村拓『出産と生殖観の歴史』法政大学出版局、一九九六年

古代までさかのぼって日本の歴史のなかで、人々が妊娠と出産をどう経験してきたかを描いている。

松岡悦子『妊娠と出産の人類学――リプロダクションを問い直す』世界思想社、二〇一四年

妊娠や出産という生命の根源にかかわる経験が、近代における医療化のなかで大きく変容してきたことを批判的に検証している。

コラム　中絶の是非からみる法律と倫理

人工妊娠中絶が許されるべきかどうか、欧米を中心に長い議論があり決着していません。反対する人たちは、それは殺人にも等しい残酷な行為だと非難してきました。賛成する人は、妊娠した女性が自分の人生のあり方を決定する権利を尊重しています。難しい問題なのですが、次のように考えられるでしょう。中絶は法的・社会的には許容せざるをえません。法的に禁じることは、望ましくない妊娠の継続を強制することになりますし、いくら取り締まっても非合法に中絶を選ぶ人は出てきます。他方、それとは別に個人的な心情や倫理的な水準では、中絶は生命を抹殺する行為ですから、やはり問題があると考えられます。法的には胎児に人権はなくとも、私たちは胎児を同じ人間、自分の子どもと感じることが可能だからです。

このことから、一般化すると、次のようなことがいえるでしょう。法律とは社会の最低限の要求であって、私たちの倫理観は、たいていは、法律よりも高いレベルにある、ということです。ですから、法律の範囲内であればなんでもしていい、ということではなくて、私たち自身の倫理性に照らして行動する必要があるわけです。しかし逆にいえば、法律とは寛容で包摂的なものでありうる一方、倫理や道徳といったものは、時に柔軟さを失って、人に厳しく抑圧的になりうるのです。道徳をふりかざして人を攻撃するとは、残念ながらよくある現象です。

第3章　家族の歴史社会学

1　家族の普遍性

この章では、人が生まれ育つ家族というものの歴史的な変遷を学びます。過去から現在への変化をみることで、現代における家族の姿をよりよく理解することができるでしょう。

社会学とは人間のつくる集団についての学問であると第1章で言いました。そして、人類の長い歴史をふりかえると、人類は、どんな時もどこに暮らしていても、家族だけはいつも営んできました。例えば、学校も人間集団の一つですが、これは社会全体が**近代化**（⇩1章）されて以降のものですし、あるいは国家というものも、その定義次第ではあるのですが、おおよそいわゆる「文明」の形成以降のものと考えていいでしょう。ところが、家族は、人類の歴史とともに古いものです。人間にとって、家族は唯一の絶対に必要な社会集団＝共同体であるといえるでしょう。

しかし、「家族」とは何でしょうか。これは定義しようと思うと意外と難しいものです。法律上の家族の定義は比較的明快で、「家計をともにするもの」です。この定義は、貨幣経済化された近代社会（⇩1章）においてしか通用しないものですが、近代社会における家族のありかたを示してもいます。つまり、貨幣経済化された近代社会の一部分としての家族です。とはいえ、家計が別でも本人たちは家族だと思っている場合は大いにありえますから、この定義は不十分なものです。法律を離れてより一般的には、家族とは、婚姻関係と血縁関係によって結びついた集団、とすることができます。ただ、この定義だとあいまいな部分が残ります。婚姻関係についていえば、例えば長期にわたって一緒に生活しているが婚姻届を出していないカップルが家族なのか、同性愛者のカップルの場合はどうなのか、あいまいなままです。血縁関係についていえば、理論的にはほとんど無限に広げられますから（人類はもしかすると全員が血縁関係にあるかもしれません）、どこで線を引くかが決められませんし、実際、これはしばしば主観的に行われます。例えば、中年女性のAさんは、自分の別居している両親を家族とみなしているかもしれませんが、Aさんの夫や子どもは、そう思っていないかもしれません。

このように立場や世代によって家族の範囲が違うというのは一般的なことで、社会学ではそのあたりの混乱を避けるために、家族を「**定位家族**」と「**生殖家族**」とに分類しています。前者は、本人が生まれ育った家族で、後者は本人がパートナーとつくっていく家族で、その営みのなかには二人の生殖行為があります。そうすると、人は一生のあいだに、たいていは、二つの家族を経験することになるわけですが、それは概念的に整理すればそうなるということであって、実際には家族とは主観によっても異なるし、時とともにそのかたちを変えていく移ろいやすいものだといえるでしょう。多くの人が、家族の一員であることに精神的にも物質的にも深く依存していますから、家族の移ろいやすさというのは、意外と自覚しにくいものです。

2　母系制

かつて、多くの地域の人類の家族は**母系制**的であったといわれています。赤道周辺のアフリカ、南インド、パプア・ニューギニアのトロブリアンドなどでは、比較的近年まで母系制的な家族システムが残っていました。同じ母系制でも時代や地域によってその内実はかなり多様であったようですが、わかりやすいのは、中国のモソ人の一部に典型的にみられたもので、次のような特徴をもっています。

- 婚姻は、いわゆる「妻問い婚」で、男が女の部屋（その家には女の母親や兄弟姉妹が住む）に通うかたちで行われ、継続的に一緒に住むことはない。
- こうした婚姻関係はいつでもどちらからでも解消可能で、実際一時的な関係に終わることが多い。
- 生まれてきた子は、母親の家で、母親だけではなく、祖母やオジオバたちによって育てられる。
- 生まれてきた子の父親は、子育てには深く関与せず、家族の一員とみなされない。

つまり、家は、母から娘へ、娘から孫娘へと受け継がれていくわけで、ですから「母系制」といわれるのです。母系制の家族では母親の権限が強いというイメージをもつかもしれませんし、研究者のなかには人類の家族はかつては「母権制」であった、つまり父ではなく母が強い権限をもっていたと主張した人もいたのですが、どうやらたいていはそうでもなかったようで、母系制の家族のなかで大きな発言権をもっていたのは、男性でした。この男性とは、子どもを産んだ女性からみれば、夫ではなくて、兄弟にあたる人で、彼は自分の母親と姉妹とその子どもたちとともに暮らしながら家長として大きな発言権あるいは責任をもっていたようです。そしてこの男性の権利と責任は、姉妹の息子（つまり甥）に引き継がれました。

このタイプの母系制的な家族のシステムの大きな特徴は、男も女もすべての人が、生まれ育った自分の家から出ていくことなく、一生をそこで過ごす、という原則があることです。次の段階の父系制ですと、女性は婚姻とともに他の家に移動しなければならず、その結果地位が低下するといった問題が生じるのですが、このタイプの母系制だとそうした無理がないわけです。みんながずっと一緒に住んでいますから、出産や子育てにおいても協力関係をつくるのが容易になります。父系制においても、出産時には実家に帰るといったことが行われたりしましたが、母系制であればわざわざ帰る必要もないわけです。

また、母系制の優れている点として、男女の性愛的な関係に家族があまり依存しなくてすむということがあります。生まれてきた子どもの生物学上の父親は、子どもが生まれても別居したままで、子育てに責任を負いません。トロブリアンドでは、父親は子どもの優しい友だちのような気楽な感じになることが多かったといいます。そのかわり、家長であるオジさんは厳格だそうです。優しいパパと厳しい父親が二人いるという感じなのでしょう。ですから、子どもの父親と母親との関係が悪化したとしても、父親も母親も子どもたちもあまり困らないのです。今日の日本では、両親が離婚して母子家庭になるとたちまち貧困化してしまうことが大きな問題となっていますが、それに比べるとうまくできた制度であるように思われます。母親も父親も新しいパートナーをつくっても問題ないわけです。性愛的な関係のうつろいやすさというものを考えると、こうした母系制的な方法のほうが自然で、逆に現代の一夫一婦制はずいぶん窮屈なやり方だといえるかもしれません。

母系制的なありかたは、日本でも長く痕跡を残していました。『源氏物語』で光源氏は、多くの女性のもとに通っています。その結果生まれた子どもを源氏は必ずしもすぐには引き取りません。そのかわりに女性とその家族が子どもを育てることになりますから、これは母系制的です。一方で源氏はとくに気に入った女性は引き取って結婚していますから、これは父系制的な行動です。日本社会は、農村部を中心に、長いあいだ、表向きは父系制的な家族を営みながら、実際にはしばしば母系制的な婚姻・子育てをしてきたものと思われます。

3　父系制

母系制的な家族のありかたは、人類史のある段階で次第に**父系制**的な家族システムにとって代わられていきます。父系制的な家族システムとは、これもまたいろいろな類型があるのですが、おおよそ次のようなものです。

- 婚姻は、自由で対等で一時的なものではなく、家と家の合意のもとに、いわゆる「嫁入り婚」という、女性が男性の実家に居住するかたちで行われ、婚姻関係の解消には一定の制限がある。
- 家での権限の多くは家長である男性に集中し、妻の家での地位は概して低く、家長が正妻以外の女性と性関係をもつことは一定の制限のなかで許容されるが、妻が夫以外の男性と性関係をもつことは厳しく禁じられる。
- 生まれてきた子は、父方の姓を名乗り、父方の家の子として育てられる。
- 父の社会的地位と財産は、男子によって継承され、女子は通常は他家に嫁ぐ。

つまり、祖母―母―娘―孫娘という母系にたいして、祖父―父―息子―孫息子の父系によって家族が構成されるようになったのです。そうしたなかで、各人の性的な自由は大幅に失われ男性優位の婚姻関係が一般的となりました。そのため一夫多妻や男性による買春が容認される一方で、女性たちの性的な活動は著しく制限されることになりました。社会学では、こうした父系制的家族システムについて、男性家長の権限が強いことを強調して、**「家父長制」**という言葉が使われます。

こうした家父長制的な父系制の最大の特徴は、女性の地位が低いということです。女性は、実家に残って家を継ぐこともできませんし、他家に嫁いでもその家の主人となることはできず、血のつながらないよそ者として低い地位に甘んじることになります。とくに東アジアでは、早い段階から父系制が圧倒的に強くなりました。中国や韓国では、伝統的に、女性は夫の姓を名乗らず旧姓のままですが、子どもたちはほぼ必ず父方の姓を名乗りました。女性は亡くなると実家の墓に入ったといいますから、最後までよそ者扱いだったわけです。母系制に比べると、ずいぶん無理のある不人情なシステムのようにみえます。子育ても、母親は血縁者の助力を得にくいので、難しい状況になりやすかっただろうと思われます。

それでも、このシステムは長い人類の歴史のなかで次第に母系制に取って代わっていきます。父系制が母系制に取って代わっていった理由は、よくわかりません。おそらくは武装集団の維持・発展のためには父系制の方が都合がよかったのだと思われます。母系制では、おじさんが大きな顔をしていたかもしれませんが、母や祖母やおばさんが子どもたちを甘やかしてくれもしたでしょう。しかし父系制では男の子たちは、父や祖父といった男性血族に囲まれ厳しく育てられる傾向が強く、戦士を育てるにはそのほうがよかったのではないでしょうか。実際、日本では、武家はおそらく平安時代からかなり徹底した父系制であったと思われます。人類史において、「中世」といわれる時代は、武装集団が大きな力をもちました。そのため、この時期の前後に、母系制は次第に父系制に取って代わられたのだと思われます。

そう考えると、大量の戦士を養成する必要性が大きく下がった近代社会において父系制的家族が衰退するのは自然なことといえるでしょう。とはいえ、明治時代以降も、現憲法の施行まで、日本では家族のなかに「戸主」が法的に存在し、多くの場合は男性がこれを担いました。戦後は、憲法によって男女平等がうたわれ、実質的な男女平等も次第に進展しましたが、いまだに子どもは父系の姓を名乗ることが一般的で、その点で父系制の名残りがみられます。

4　近代化による家族の再編

この父系制も、近代社会の出現とともに、変容していきます。

母系制にせよ、父系制にせよ、前近代社会にあっては、家族は生活の場であるとともに労働の場でもありました。正確にいうならば、近代化のなかで賃金が生じない労働としての家事・育児と、賃金が生じる労働とに、労働一般が分離していったのですが、前近代社会ではそのような分離はわずかで、人々はほとんど常に家族とともに生活し働いていたのです。

近代化のはじまった当初、日本では各地に西洋式の軽工業の工場が建てられました。そのさい、工場で働くべく集められたのは、もっぱら農家の結婚前の女性や子どもたちでした。彼らであれば、実家からいなくなっても、実家はさしあたってあまり困らないわけです。ところが、経営者たちは、当時はまだ労働者を守る法律である労働基準法などはありませんでしたから、彼らに住み込みをさせて長時間の重労働を強いました。その結果、過労で倒れたり集団生活のなかで感染病が広がったりして、多くの女性や子どもが亡くなりました。

短期的には、それでも経営は成り立つわけですが、長期的に考えると、そのように人を使い潰してしまうと、結局は家族の再生ができなくなることもわかってきました。若い女性や子どもたちを死なせてしまったら、新しい家族が生まれなくなってしまい、社会全体が困るわけです。そうした背景があって、近代化・産業化が進展していくなかで、世界的に労働環境の改善を目指す運動が起こりました。そのなかからは、後に共産主義や社会主義といった世界の秩序の変更を迫る大きな運動も生まれました。

そこで、だいぶ話をはしょりますが、雇用のありかたのみならず、家族のありかたさえも変えてしまおうということになりました。若い人を無闇に働かせないようにしようと国が規制をし、家を継ぐ予定のない次男とか三男を雇って、より高い給与を払って働かせ、結婚して家族を営み子どもも育てられるようにしたのです。簡単にいえば、資本主義が貪欲に人々を搾取するのをほったらかしていたら社会全体が立ち行かなくなるので、一定のルールを決めて、資本主義的な経営と共同体・家族の存立が両立するようにした、というわけです。

社会学では、このように、産業資本主義に適応しながら生まれた新しい家族の形態のことを、「**近代家族**」といいます。その典型的なかたちの特徴は以下の通りです。

- 一つの家に夫婦は一組だけ（社会学では、単婚小家族といいます）で、夫婦間には情愛があるものとされる。
- 祖父母とは同居せず、親子二代の家族であり、親から子への愛情が当然視される。
- 家は生産活動の場ではなくなり、もっぱら家事・育児を軸とした「再生産」のための消費の場となる。
- 夫は外で賃労働をし、妻は専業主婦として家で家事・育児に専念する。
- 家族のプライバシーは外部から守られる。

このような近代家族型の家族は、日本では近代化の過程全体を通じて次第に増大していきますが、それはしばしば地方から都会への人口移動と並行した現象でした。つまり、地方にはその地で代々農業などの家業を営んできた家族があるわけですが、この家族のなかから、次男・三男が地方都市で学校教育を受け、工業や商業の盛んな都市部で職を得る、というかたちで都会に移動するのです。そして、その都市で、やはり地方から教育や就職をきっかけに都市部に移動していた女性と結婚して、子どもを産み育て、次世代の労働者とその配偶者を育むわけです。こうして、産業の発展と家族の再生という二つの大きな課題がクリアされたわけです。

日本では、そして世界の多くの地域でも、この近代家族型の家族は伝統的な家族を次第に圧倒していきます。日本において専業主婦率が一番高いのは、団塊の世代の女性だそうで、このあたりが典型的な近代家族のピークなのでしょう。

5　今日の家族

今日の日本の家族も、基本的には近代家族型だといってよいでしょう。ただ、重要な変化もあって、それは、専業主婦が減ってきたことです。以前は、女性は結婚すれば賃労働をやめる人が多かったですし、仕事を続けたいなら結婚はあきらめなければならない、というイメージすらありました。しかし今日では、結婚や出産をしても賃労働を続ける女性がだいぶ増えました。一九八〇年には一一〇〇万世帯以上あった専業主婦世帯は、二〇一七年現在では、六四〇万世帯ほどになりました。ただ、出産をするとどうしても一時的には外での仕事を休まざるをえません。どのタイミングで賃労働に復帰するかは、いろいろな事情によるのですが、元の職場に戻れないことも多く、その場合は、終身雇用型の労働者が優遇されている日本では、再就職によって労働条件がかなり悪くなることが一般的です。今日でも男女間にはかなり平均年収に格差があるのですが、その重要な要因がここにあります。ですから結局のところ、今日においても日本ではなお、外での仕事と出産・子育てとを両立させることは、女性たちにとっても、その夫にとっても、たいへん難しい切実な問題になっています。

また、夫婦と子どもという典型的な近代家族型の家族構成ではない家族を営む人も増えてきました。婚姻率は徐々に下がり、離婚率はゼロ年代のはじめまで徐々に上がっていました。今日では、ごく大雑把にいうと、四人に一人近くが生涯独身であり、四組に一組程度が離婚します。すると、結婚して生涯離婚しない、という人は半分少しくらいしかいないわけです。離婚した女性の多くが母子家庭を営むことになり、離婚した男性は一人で暮らすか再婚することが多いそうです。成長した子は親と同居しなくなるのが一般的になったこともあって、人生の最後の段階は一人暮らしの人が増えてもきました（⇩10章）。

結婚をしない人も離婚する人も、ともに長期的には増えてきているわけですが、その理由は、よくわかりません。ただ、漠然といえば、一九八〇年代くらいまでは結婚しないといけないという社会的なプレッシャーがずいぶん強かったように思えます。いい年をして結婚できない人は、何か特別な事情でもあって、まともな道から外れている人、というかなり差別的なイメージがありました。実際、そのころの三〇代後半の未婚率は、五〜一〇パーセント以下でした。それがこの数十年のあいだにずいぶん変わってきて、結婚をしないのも離婚をするのも、本人たち次第で他人がとやかくいうことではない、という雰囲気になりました。近年では、三〇代後半の未婚率は、男性で三五パーセント、女性で二五パーセントほどにまで上がりました。ちなみに、今では「できちゃった婚（授かり婚）」はよくある話で、むしろおめでたいことが重なって喜ばれたりするわけですが、以前にはとても恥ずかしいことで、実際そのような婚姻はきわめてまれであったと思います。

このように、結婚や出産をめぐる人々の感覚というのは、時代によってずいぶん変わっていくものですが、全体としていえば、結婚や出産をめぐって、社会的な**規範**（⇩2章）の力が徐々に弱くなってきて、本人たちの自由度がより増している、といえるでしょう。

もう一つ、日本における今日の家族の重大な問題として、よく知られているように、子どもの絶対数も出生率も長期にわたって低下を続けていることがあります。子どもの数が減ると、家族だけではなく、すべての社会集団の存続が難しくなり、社会全体も衰退していくほかありませんから、これは大問題ですが、この問題については、とくに「システム」との関係において、第9章で取り上げます。また、近代家族においては最初から家族のメンバーの数が少なくなる傾向があったのですが、少子化が進むとますます家族の人数が少なくなり、ミニマム化していきます。こうなると、家族がお互いに少数の構成員同士に強く頼ることになり、リスクが高まります。そうしたことを背景に生じる、現代の家族の心理的な問題については、次章で述べます。

考えてみよう

自分の家族・家系の歴史を調べて、家族の類型的なかたち（母系制、父系制、家父長制、近代家族など）との異同を確認してみましょう。

- 子どもを産み育てるうえで、家族はどのような形態であることが望ましいと思いますか。考えてまとめてみましょう。
- 近年の日本における家族の一般的な傾向について、調べてまとめてみましょう。
- 離婚をするためにはどのような手続きや条件が必要なのか、子どもの養育は法的にはどうなるかなど、離婚をめぐる法的な手続き・問題について、調べてまとめましょう。
- なぜ人類は常に家族を営んできたのか、家族にはどんな役割があるのか、できるだけ多角的に考えてみましょう。

■キーワード

定位家族と生殖家族（family of orientation, family of procreation）　当事者からみると、前者は自分が生まれ育つ家族、後者は結婚して自分でつくっていく家族である。

母系制（matrilineal system）　本文で説明したのは母系制の一つのパターンにすぎず、実際の母系制社会には様々なタイプがあった。その共通の特徴は、子どもが母方の家に連なる存在として認識されることである。

父系制（patrilineal system）　こちらも本文で書いたのは父系制の一つのパターンにすぎず、とくに東アジアの父系制を念頭においている。多様な父系制に共通するのは、子どもが父方の家に連なる存在として認識されることである。

家父長制（patriarchy）　男性の「家長」が家族の構成員にたいして優越した力を行使し支配する家族

のありかた。近代化の過程のなかで、日本では共同体的なものが人を抑圧するものとして批判され避けられてきたが、家父長制的な家族はその中核的イメージであった。

近代家族（modern family）　社会の近代化のなかで生まれてきた新しい家族の形態のことで、夫婦と子どもからなる単婚小家族で、夫は外で賃労働、妻は家で家事・育児をもっぱら担当する。家族のあいだに情愛が通っていることが当然とされ、家族以外の人とのつながりが薄れていく傾向もある。

■さらに学ぶための本

Ｊ・Ｊ・バッハオーフェン（岡道男・河上倫逸監訳）**『母権論――古代世界の女性支配に関する研究　その宗教的および法的本質』**（１～３巻）**みすず書房、一九九一～一九九五年**

男性中心の歴史ではなく母を中心にした文明史を目指した壮大な古典。

Ｅ・ショーター（田中俊宏ほか訳）**『近代家族の形成』昭和堂、一九八七年**

社会の近代化のなかで、男女間の恋愛や母親から子への愛情がより豊かなものになっていくという、「愛情生活」の大きな変化の結果、近代家族が生まれたとする、近代家族についての古典。

上野千鶴子『家父長制と資本制――マルクス主義フェミニズムの地平』岩波現代文庫、二〇〇九年

家族と資本主義のダイナミクスについて理論的に考察した本。

落合恵美子『21世紀家族へ――家族の戦後体制の見かた・超えかた』（第３版）**有斐閣選書、二〇〇四年**

近現代の日本の家族の変遷についてわかりやすく説明している。

筒井淳也『仕事と家族——日本はなぜ働きづらく、産みにくいのか』中公新書、二〇一五年

タイトルの通り、働きづらく産みづらい日本の社会の現状を国際比較の観点も交えて説明している。

第4章　親子の心理・社会学

1　母子の愛着

前章では、人類の長い歴史のなかでどのように家族のかたちが変遷してきたかをふりかえりました。そこでわかったのは、人類は常に家族を営んできたにもかかわらず、家族の典型的なかたちというものは、時代や社会の変化に応じて、ずいぶん異なるものだ、ということです。父系制的な家族などにみられるように三世代が同居するのが一般的であった時代・文化もあれば、近代家族のように基本的に二世代のみという家族もありますし、ある種の母系制の家族にみられるように、生物学的な父親を家族の一員とはみなさないという、現代からみれば信じがたい家族もありました。

しかしながら、時代や社会を超えて、どんな家族類型でも変わらない部分もあります。それは、母親と幼い子が同居し、母親がその子の世話において中心的役割を担っている、ということです。

人類は哺乳類ですから、子育てにおいて授乳することのできる母親の働きが大事なのは当然です。

にもかかわらず、不思議なことに、母子関係の重要さは、昔の人はあまり自覚していなかったようにみえます。近代以前の庶民的な物語や演劇などをみると、世界のどこでも、主君と家臣とか、父と息子とか、男と女の関係などはテーマになっても、母と子の関係は意外にもあまり描かれていません。長いあいだ、父系制的な家族が支配的で女性差別や**ミソジニー**（⇩8章）が一般的であったという歴史的事情と関係しているのかもしれませんし、またあまりに重要だからこそ、空気のありがたみを感じないのと同じように、かえって自覚しにくい、という心理的な理由もあるのでしょう。

母子関係の重要性が学問的に最初に明らかになったのは、ようやく二〇世紀のはじめごろで、精神分析とよばれる心理的な問題の治療方法の開発においてです。この治療方法の創始者であるジークムント・フロイトという人は、精神的に困難な状況に陥った患者たちを対話によって分析するなかで、人々の心の奥底にある無意識的な感情を「発見」しました。フロイトは、人間は意識的な理性や意思によって思考し行動している（というのが従来の近代的な人間観だったのですが）のでは必ずしもなく、むしろ多分に無意識的な情念に突き動かされて行動しているという、当時としてはかなり革命的な人間観を提起しました。そして、その無意識的な感情のなかでは、とくに、親への深い愛着とその裏返しとしての嫉妬や怒りといったネガティヴな感情が渦巻いているのだ、と考えました。

もっとも、そのフロイトですら、主に息子の父親への感情に焦点をあてて、母親との関係にはあまり注目しませんでした。しかし、フロイトの影響を受けた、娘のアンナ・フロイト、マイケル・バリント、メラニー・クライン、カール・グスタフ・ユングといった精神分析や心理療法の実践家たちは、父親との関係よりもより根源的な関係として、母親との関係に注目しました。

彼らが一様に主張したのは、生まれた直後から（正確にいえば、胎児の段階からそうなのでしょうが）母親からの様々な行為が、子どもの心身の成長にとって決定的に重要だということです。例えば、バリントは、生まれてきた赤ちゃんにとって最初の人である母親がしてくれる全身体的な不断の関わりがその後の心身の成長にまで長く深くよい影響を与えるのだ、として、そのような愛情を求める欲求を「**一次愛**（primary love）」と名づけました。「私はいつも、どこでも、あらゆる形で、私の全身体を、全存在を愛してほしい、それも一切の批評がましさなしに、私の側から僅かでも無理する必要なしに」（中井久夫ほか訳『一次愛と精神分析技法』みすず書房、二〇一八年、五九頁）愛されたいという受身的願望が一次愛なのです。逆に、こうした欲求が十分に満たされないと、その後の成長における様々な精神的な障害のリスクが高まると考えました。コフートという心理学者の次の言葉は、こうした母子関係の見方を見事に集約しています。

赤ん坊のどんなことにでも、母親は瞳を輝かせて、暖かく、夢中になって答えてくれます。母親の自己評価は、こうした自分の応対によって、喜びで興奮し顕示的になっている赤ん坊との一体感によって高められるのです。もっと穏やかなレベルですが、この種の平衡こそ私たちが一生を通じて求め続けているものなのです。

（ミリアム・エルソン編、伊藤洸監訳『新装版　コフート自己心理学セミナー』金剛出版、二〇一七年、九六頁）

愛情というと漠然とした精神的なもののように思ってしまうかもしれませんが、コフートは、どんなささいなことにも「夢中になって答えてくれ」ることだと具体的に表現しています。そうした相互関係のなかでお互いに喜びと自己肯定感とが高まっていくことこそ、人がいつまでも追い求める最も本質的な欲望なのだ、というわけです。だとすると、人は赤ちゃんのころに得られたはずの状態にいつまでも囚われている、ということにもなり、これはある意味で少し悲しい人間観でもあります。

母子関係の本質的な重要性は、精神分析家や心理療法家たちによる学問的発見の前後から、次第に一般の人たちにも浸透していき、今日ではすっかり常識になりました。お母さんと赤ちゃんの相互の五感を通じたシグナルのやりとりで形成されるメカニズムがより精緻に研究されたりもしています。

しかし一方で、母子関係の重要性は強調されすぎているのではないかという批判もあります。社会学的な観点からいえば、母と子の関係は、育児の担い手が母親に限定されやすい近代家族において過度に重要なものになるのであって、「母性愛」なるものも歴史的につくられたものにすぎず、本来はもう少し多様な育児の担い手があってしかるべきだと考えられます。例えば、ある種の母系制社会におけるように、母親だけではなく、母方の祖母やオジ・オバなども子育てに日常的に参加しているならば、母親からの愛情が多少薄くても、さして問題はないのかもしれません。また、あまりに母子関係の重要性を強調すると、母親の罪悪感を強めて女性の社会進出を阻むという別の観点からの批判もあります。女性の就業を後押しする流れのなかで、最近の日本では、保育所の整備の必要性がよく主張されますが、保育所に預けること自体の子どもにとっての良し悪しはあまり問題視されないようになりました。また、最近では、様々な精神的な障害の原因は、母子関係ではなく、遺伝的な素因や脳の器質的な問題として理解される傾向があるのも事実です。

しかしながら、それでも、母子関係が子どもの成長にとって決定的に重要なことは、やはりもはや常識といってよいでしょう。赤ちゃんが誰よりもママを熱愛していることは、少し観察してみればすぐにわかることなのですが、それでもそれがなかなか認識されてこなかったということにも、人間の認識というものがその時々の社会的なバイアスに大きく影響されることが示されています。

2　基本的信頼感の形成

さて、もう少し話を進めて赤ちゃんが成長していくプロセスをみていきましょう。

赤ちゃんは生まれてしばらくは、母親に二四時間お世話されることを強く望みますし、たいていの母親はそうした赤ちゃんの欲求に応えます。母子が互いに夢中になって身体的にも精神的にも限りなく一体に近い状態になる、この上なく幸せな時期です。しかし、子どもは、次第に成長して、母親から少しずつ離れていきます。母親もまた、職場復帰とか次子を妊娠するなどの事情で、子どもから多少なりとも距離を取らざるをえない場合が多くなります。一時的であれお母さんと別れることは、赤ちゃんにとってもっともありふれた、しかしとても深刻な試練です。お母さんがトイレに行くようなごく短時間のことであっても、赤ちゃんにとってお母さんが目の前からいなくなることはとても怖いことで、まるでお母さんと二度と会えないかのようにパニック状態になって怒り泣き叫ぶことがあります。心理学者は、このような、母親と離れたくないという気持ちを「分離不安」と名づけました。無力な状態で生まれ母親に全面的に依存する乳幼児にとっては母親がいなくなるのはどんなことよりも恐ろしいことなのです。

分離不安に苛まれて怒り泣き叫ぶわが子をみて、お母さんは、大丈夫だよ、すぐ戻ってくるよ、と何度も言い聞かせることでしょう。そして、実際にお母さんはすぐ戻ってきます。そういう分離と再会とを何度も繰り返し、よしよしと安心させてもらうことで、子どもは次第に多少の分離はがまんできるようになります。そのようにして、いくらかの孤独や不安に苛まれても自分は大丈夫だと思えるようになることを、エリック・エリクソンという精神分析学者は「**基本的信頼感**（basic trust）」ができてきた、というふうに考えました。お母さんがちょっといなくなっても、多少不愉快なことがあっても、自分はこの世界、この社会で受け入れられていて、安心して楽しくやっていけるだろうと思えるようになる、ということです。

この基本的信頼感とは、客観的に考えれば幻想なのかもしれません。お母さんが本当に二度と戻ってこないことだってありえないわけではありませんし、世間は冷たくて誰でも等しく受け入れてくれるわけではありません。実際、子どもたちは成長していくなかで、クラスメートにいじめられたり、入学試験で落とされたり、異性にフラれたり、就活に失敗したりする、といったかたちで、他人や社会集団から拒絶されることがどうしてもあります。あるいは、もっと恐ろしいこと――他人から暴力をふるわれる、暴言を受ける、病気になる、自己や災害に遭遇する、親しい人が亡くなる――に遭遇してしまうかもしれません。そういうことが起こった時、この基本的信頼感は多かれ少なかれ揺らいでしまいます。そうなると、そのかわりに、**「迫害的な不安」**の状態に陥りやすくなります。迫害的な不安は、幼児にもありますし、大人の心のなかにも潜んでいて、この状態が強くなると、人は他者や社会集団のなかに恐ろしい危険や悪意を見つけだして、自分の生存や尊厳が脅かされるのではないか、迫害されるのではないか、といった不安にかられて、怒りや怯えに苛まれて苦しむことになります。だからこそ、幼児期に基本的信頼感がしっかりと育っていれば、多少失敗したり不運に遭遇したりしても、なんとか立ち直って、この世界・社会で安心して穏やかに暮らせるようになる道が開かれます。

赤ちゃんはやがて、両親の仕事の都合や本人の成長のために、保育所や幼稚園に預けられるようになります。そうなると、より長時間の分離が強いられることになりますが、通園をする以前に、すでにこの基本的信頼感がある程度以上育っていることが望ましいのです。その感覚が薄いと、園の大人たちや子どもたちがひどく怖いものに見えてしまうでしょう。実際、多くの子は、はじめての登園のさい、お母さんと別れて知らない大人に預けられるという事態を知って、泣き叫びます。しかし、多少は怖くても、実際に保育士さんに優しくしてもらったり、園の子どもたちと楽しく遊んだりするようになると、自分は大丈夫なんだという基本的信頼感が蘇り、強められます。そうなれば、園は、家庭同様に、あるいはそれ以上に楽しい場所となって、喜んで通うようになるでしょう。

このように、母親から次第に分離していくさいの機微を、ウィニコットという精神分析的な小児科医は、「**移行対象**」という概念で巧みに説明しています。赤ちゃんの愛着の対象は、もっぱらお母さんの乳房や声など、お母さんの身体にあったのですが、生後二〜三ヶ月から一年ほどのあいだに、お母さん以外のモノにも愛着を示すようになります。多くはぬいぐるみや人形で、たいていはやわらかく白っぽく、赤ちゃんはそれを自分だけのものにして四六時中それで遊んで、汚れても手放そうとしません。ウィニコットは、こうした類のものは、赤ちゃんにとってはお母さんの身体の代替品で、お母さんのいない不安やさびしさを紛らわせようとしているのだと考え、この愛着を寄せる対象を「移行対象」と命名したのです（お母さんへの愛着が部分的に移行していくモノという意味です）。そして、子どもにとって「移行対象」は最初のうちは一つだけ（あるいは少数）だったのが、次第にその種類が増えていき、おもちゃやペットやお友だち、といった具合に、より多彩で高度なものに愛着を示すようになっていくのです。そうしたことを繰り返しているうちに、いつのまにか、お母さんがいなくても一人でも友だちとでも、それなりに楽しく過ごせる時間が長くなるのであって、それが子どもの成長なのだと考えました。

ウィニコットはさらに、大胆な仮説を示しています。人類がその歴史のなかで営々と築いてきた「文化」なるものとは、この「移行対象」が発展したものなのだ、と。聴き心地のいい音楽とか、居心地のいい家とか、人を安心させる神様とか、そういったものは、母親に甘え続けることのできない人間が、母親の代わりに生み出した文化的産物だ、逆にいえば文化的なものというのは、どこかでいわば「ママ化」されているものなのだ、というわけです。子どもたちは、先人が生み出した「文化」を時間をかけて自分のものにしていくのですが、そうやってお母さんがいなくなっても生きていけるように、なんとか自立していくのです。

思春期になると、特定の異性に愛着を感じるようになることがよくあるわけですが、この場合も、相手が女性であれ男性であれ、しばしば親の代理という機微があるようです。顔立ち、声、匂い、体つき、性格、名前など、全面的にではないにしても、部分的に母親（あるいは父親）の特徴を分有していることが多いようです。その意味で、好ましい異性もまた「移行対象」という側面があるのでしょう。

3　社会化のはじまり

前節では母親と子どもとの関係に焦点を絞って語っていましたが、この生まれたばかりのころも、もちろん、母親と子どもは「社会」と結びついています。赤ちゃんからみれば、お母さんにすっぽり抱きかかえられてお母さんとの関係がほとんどすべてといってよい状態がしばらく続きますが、しかし、お母さん自身は、第2章でも述べたように出産前や出産時も含めて、最初から深く社会に結びついていますし、その後も何らかのかたちで様々な社会集団と関わっていきますし、子育てのためにもそれが必要です。

まず、母親が育児にある程度専念するためには、それを可能にする環境が必要です。育児を手伝ってくれる人も必要ですし、家事も誰かがやらなければなりません。こういったサポートをしてくれる人が少ないのが**近代家族**の一つの欠点なのだ、ということは第3章で学びましたね。家族があてにならない場合は、保育所のように育児を一時的に代替してくれる組織もありますが、今の日本では数が不足気味です。当然経済的な基盤も必要です。母親がもともと会社などで働いていたのならば、その代わりに働く人も必要です。保育所や会社などの社会集団のサポートが必要なのです。

そして、赤ちゃん自身も次第に、より直接的に「社会」と関わっていくことになります。それは、とくにいわゆる「しつけ」というかたちではじまります。生まれたばかりの段階では、親は普通はしつけをしません。赤ちゃんは自分の生理的欲求・心理的欲求のままに生きていて親もそれにあわせるのです。泣きたい時に泣き、眠りたい時に眠ります。お腹がすいたなら夜中でも母親を起こします。大小便も出したい時に出します。ところが、ある時期から、親や身の回りの大人たちは、赤ちゃんをしつけるようになります。授乳や食事のタイミングを決めるようになりますし、おむつをはずして、オマルやトイレで大小便をするように促します。さらに、大声を出さない、食べ物をこぼさない、モノを壊さない、お友だちをぶたない、人のものを盗まないなどなど、実に多くのことを、家庭や保育所などでしつけられていきます。

こうしたしつけは、赤ちゃんにとって決して「自然」なものではありません。放っておいて身につくものでは必ずしもなく、親や保育士などから、何度も「ダメ！」を繰り返されて、もしかすると時に怒鳴りつけられたりしながら、身につけていくものなのです。しつけは、〇歳か一歳のある時期から延々と続けられます。小学校でも、いわゆる学習だけではなく、決められた時間を守りましょう、ちゃんと挨拶をしましょうとか、嘘をついてはいけませんなど、しつけの範疇に入ることを身につけさせられていきます。

こうした長期にわたる「しつけ」は、第1章で学んだ、**社会化**そのものです。本格的な社会化の第一歩にして、おそらく最も重要な段階です。こうしたしつけには、およそ三つの特徴があります。一つ目は、強制的だということです。最初のうちは多少嫌がることは許されても最後まで逆らうことはほぼ不可能です。誰でも大小便はトイレでするようになりますし、腹が立ったからといって人を殴ったりしません。もしそうでないなら、まっとうな大人としては扱われなくなりますし、場合によっては逮捕されたり強制入院させられたりします。二つ目の特徴は、それが社会的・文化的に異なる内容をもっているということです。例えば、日本社会は全般的に「清潔さ」にこだわる傾向があって、子どもたちのしつけにもそれは反映されています。食べ散らかさないこと、きちんと片付けることなどは、他の社会においてよりも執拗に子どもにしつけているようです。私たち日本人は海外に行くと、人々が平気で食べ残しのゴミを散らかす、その大らかさに驚かされます。三つ目の特徴は、いったんしつけられると、それはほぼ無意識的に実行できるようになる、ということです。心のなかに、社会的・文化的な**規範**（⇩2章）が、いわば「内面化」されて、それに反すると自ずと不安になったり罪悪感を感じたりします。

このように、強制的・文化的・無意識的に身につけた内容を、社会学では「**ハビトゥス**（habitus）」といいます。ラテン語のhabitusは英語ではhabit（慣習）にあたる言葉なのですが、単なる文化的慣習ではなく、繰り返し接するなかで自分のものになった、行動様式や美意識・感受性などをひっくるめていいます。幼児期の「しつけ」だけではなく、ある程度大きくなってから身につける趣味や価値観もハビトゥスです。こうしたハビトゥスは、自分自身がそれを身につけていることをあまり自覚していないので、同じようなハビトゥスを身につけた人同士にとっては、互いに理解したり共感したりすることを容易にする基盤になるのですが、異なるハビトゥスをもった人同士だと、何となく互いに異質な感じがして、自覚できないだけに、相互理解の障害となることがあります。

このように考えると、しつけを通じて形成されるハビトゥスが、個々の人の社会化においてはもちろん、さらにいえば、社会全体のまとまりの形成においてすらも、基盤的な役割を果たすことがわかります。そして、ハビトゥスの形成が強制的に行われることからも、前章まででみてきた私たちの存在の社会にたいする受け身性がみてとれます。

4 日本における親子関係の特質

親子関係のなかでも母子関係のありようは、いつの時代でもどこでも、本質的にはさほど違いはないようです。しかし、日本では、伝統的に母子関係、なかでも母親と息子の関係は、特別に深くなる傾向が強いようです。

土居健郎という精神医学者は、「甘えたい」という欲求が、人間のもっとも基本的な欲求であり、それはとくに幼い子どもの母親にたいする関係において発現すると同時に、生涯を通じたものでもある、といいました。土居のいう、この甘えの感情は、バリントのいう「一次愛」とほぼ同じものといってよいでしょう。甘えたいということが最も基本的な欲求だという見方は、「甘え」「甘えん坊」「甘えるな」といった言葉を日常語とする日本人には当たり前のようにみえるでしょうが、土居の発見の一つは、「甘え」に対応する言葉が日本語以外の言語にはほぼ存在しない、ということでした。つまり、日本人以外の人たちだって甘えたいという欲求はあるはずなのですが、そのような幼児的な願望を厳しく押し殺して大人になっていくので、それを表現する言葉すら生まれないのです。しかし、日本ではそうした抑圧がわりと弱くて、甘えたいとか、甘やかしたい、という欲求が自覚され言語化されているのです。

ただし、日本では男の子は母親に甘えることができても、女の子は、父親があまり家にいないということもあって、わりと厳しく育てられる、という傾向がみられます（ちなみに、欧米社会においては、女性のわがままに寛容であるべきだという文化的な感覚がより強いように思われます）。私の理解では、このように「甘え」の欲求にたいしてわりと自覚的なうえに男女差があるのが、日本の文化の特徴の一つであって、そこには、次のような世代間のダイナミズムが起こっているのだ、と思います。日本の母親は、息子に厳しく訓育したりせず、家事などもさせず、長期にわたって可愛がり甘やかし、そこには性愛的な要素すらみられる傾向がかなり強いと思われます。その結果、日本の男性は、成長してもしたたかで逞しい大人になどならず（それは母親を裏切ることになりかねませんから）、母親のように甘えられる女性をみつけてその人と結婚します。他方、女の子は、異性の親である甘えた父親からはあまり愛情と世話を受けられないので（日本のお父さんは外で忙しく、他国と比べて、あまり家事・育児をしないので）、甘えたい気持ちを押し殺し我慢をして成長せざるをえません。大人になってからも頼れる男性に出会うことができず甘えた男性しかいないので、異性関係・夫婦関係にも満足できず、甘えられなかった無念と性愛的でもある情念を異性の子どもである息子にたっぷりとそそいで甘やかす……というサイクルがぐるぐると回る、つまり、甘えられなかった女性が息子を甘やかす、ということがサイクル化するのです。

以上は、実証しにくい仮説ではありますが、日本社会における若い男性の犯罪率の低さ、男性の家事への参加率の低さ、男性に顕著な「おたく」的な文化への惑溺、「ひきこもり」になる男性の多さ、などの日本の男性に広くみられる顕著な特性に、ある程度照応するものと思われます。

人生にたいする能動的な姿勢をもってよしとする、近代的・欧米的な価値観に照らし合わせれば、こうした日本の男たちの「甘え」は恥ずべきものとなるでしょうし、女たちの甘えられずに「甘やかす」努力のうえになりたっているものでもあります。ただ、第1節で示したような、母子関係における「一次愛」が人間の欲求の根本であるという見方をふまえるならば、日本社会における「甘え」は、決して不自然な奇形物ではなく、それなりの心理的な必然性がある文化だといえるでしょう。

考えてみよう

● あなた自身は乳幼児期にどのような育てられ方をしましたか。本章の記述との異同を確認してみましょう。

● あなたには「移行対象」はありましたか。もしあったなら、それはどんな特質のあるもので、あなたにとってどんな意味があったか、思い出して考えてみましょう。

● 「基本的信頼感」とは何でしょうか。また、どのようにして育まれるのでしょうか。考えてまとめてみましょう。

● あなたの家庭や学校、地域などに、よそにはない特徴的な「ハビトゥス」はないか、考えてみましょう。

● 「甘え」について、身の回りをふりかえって、その内実について考えてみましょう。

■キーワード

一次愛（primary love）　精神分析家のマイケル・バリントの用語。幼児が母親からの無条件の愛情を求める欲求であって、土居健郎のいう「甘え」の感情にほぼ同じ。これは二〇世紀半ばの大きな発見であったが、今日ではもはや常識化している。

基本的信頼感（basic trust）　自分はこの世界に受け

入れられているのだ、万事大丈夫なんだ、という感覚。様々な不安や孤独にたいして、母親など周りの人が説明して慰め安心させてくれる、という経験を繰り返すなかで形成されるが、それは根本的には幻想である。

迫害的な不安（persecutory anxiety）　精神分析家のメラニー・クラインの用語で、自分が外部の何ものかに攻撃されるのではないかという不安に取り憑かれる傾向をいう。クラインは、このような迫害性が支配的な「妄想分裂態勢」は人格の根本にあって、自分が悪いことをしてしまったのではないかという不安に苛まれる「抑うつ態勢」にある程度取って代わられる必要があると考えた。

移行対象（transitional object）　人形やぬいぐるみなど、乳幼児が母親以外に最初に愛着を抱く物。母親に大切にされているように、自分が移行対象を大切にかわいがる、など乳幼児の感情の発達のうえで重要な役割を果たす。ウィニコットによれば、これが母親と分離していく子どもを慰め、より豊かな文化的経験の原型となる。

ハビトゥス（habitus）　言語、美意識、価値観などは、元来は個人にたいして外側にあったものだが、それらに繰り返しふれるなかで、自分のものとして取り込み、意識せずとも自らのものとして行動できるようになる。そのようにして身体化し行動化していく仕組みがハビトゥスである。社会学者のピエール・ブルデューはその社会理論において、この概念を社会的制度・文化と人間とをつなぐものとして位置づけ、階級間の文化的格差などもこの現象にかかわるとした。

■さらに学ぶための本

マイケル・バリント（中井久夫ほか訳）『一次愛と精神分析技法』（新装版）みすず書房、二〇一八年

一次愛について論じた論文集。全部読むのが難しそうなら、アリス・バリントが書いた第6章だけでも。

D・W・ウィニコット（橋本雅雄・大矢泰士訳）『改訳 遊ぶことと現実』岩崎学術出版社、二〇一五年

子どもの精神的な成長についての洞察に満ちた古典。ただ、精神分析的な用語や考え方にある程度馴染んでいることが、理解するうえで必要である。

土居健郎『「甘え」の構造』（増補普及版）二〇〇七年、弘文堂

長く読み継がれている日本人論の古典だが、著者自身はこれを精神分析に基づく普遍的な理論として提示している。平易な言葉で書いてある。

ピエール・ブルデュー（石井洋二郎訳）『ディスタンクシオン――社会的判断力批判』（Ⅰ・Ⅱ）藤原書店、一九九〇年

現代の社会学で最も影響力のある人物の主著で、食やスポーツ、あるいは各種の趣味といった日常的な文化的活動が、階級という社会的な力関係に大きく規定されていることを示している。

コラム　精神分析の洞察

母子関係を扱ったこの章では、精神分析的な見方を中心に紹介しました。精神分析は、フロイトという人によって創始された、精神的な不調を治療する技法の一つですが、社会学を含めた学問研究の世界だけではなく、二〇世紀の文化全体に巨大な影響を与えました。その特質の一つは、人間の言語活動を通じて、人の「無意識」の働きを洞察し操作しようとしたことです。無意識とは、本人は日常的には自覚できないが、その人の行為全体に影響を及ぼしている心の領域のことで、そこには、簡単にいえば、言葉にしがたい愛と憎しみが渦巻いているのです。

フロイト以降も精神分析は大いに発展しましたが、しかし、批判や反発も招いてきました。それは、精神分析の主要な対象が治療者と患者という閉ざされた関係における無意識というとらえがたいものであるうえに、その技法の伝承が師から弟子へという閉鎖的な関係のなかで行われ秘儀的なものになりやすい、ということもあるものと思われます。そうしたことがあって、今日の医療や大学といった高度にシステム化された機関では、精神分析は治療や教育において必ずしも重視されていません。しかし、精神分析が、私たち自身の心のありようにたいする洞察を大いに深めた、二〇世紀の重要な人間学的達成であったことに間違いはありません。

第5章　学校と国家の政治社会学

1　家庭から学校へ

母親から生まれ家庭で育まれて大きくなった子どもたちは、やがて学校に通うようになります。今日の日本では、小学校と中学校は義務教育で原則として全員がそこに通いますし、その前に保育所や幼稚園に何年間か通うのが普通です。学年が上がるにつれて授業数も増え、学校に滞在する時間も長くなっていきます。義務教育が終わったあとも、ほとんどの人は高校に進学しますし、高校卒業後も八割以上の人が大学・短大や専門学校などに進学します。最近では大学院に進学する人も増えてきました。短くても九年、長い人なら二〇年近くの長期間にわたって学校的な場所に通うことになります。このように、多くの人が学校（本書では保育所から大学院までひっくるめて学校とよびます）で教育を受けることに価値があると信じ長期間にわたって学校に通うようになった社会のことを、社会学では「**学校化社会**」といいます。

それにしても、そもそも何のために子どもたちは学校に通うのでしょう。なぜ、やさしく世話をしてくれる（はずの）お母さんのいる家庭をわざわざ離れて、毎日何時間も学校で過ごさないといけないのでしょう。簡単な問いのようですが、よく考えると案外難しい問題です。

誰しも思いつくのは、勉強するため、ということでしょう。学校に行けば教育の専門家がいて、いろいろなことを教えてくれます。国語、算数、理科、社会、英語……そういったことは将来、「社会」に出た時、つまり**システム**（⇩1章）の一員となった時に必要な役に立つ知識です。また、集団生活に慣れるとか、コミュニケーション力を身につける、といったことを思いつく人もいるでしょう。これもまた、「社会人」になるために必要とされることですね。

そうすると、学校に通う理由は、ここまでの章で学んできた用語を使っていえば、家族という温かい共同体に丸ごと抱えられた状態から、「分離不安」（⇩4章）を乗り越えて、より冷たいシステムへと適応していくためだ、ということになります。保育所や幼稚園では、保育士さんや先生たちが、まるで親代わりのように優しく接してくれていろいろ面倒をみてくれますから、家庭の延長のようなものなのですが、同時にそれらの機関は法令と金銭に基づいて運営されていますので、その意味ではまぎれもなくシステムです。子どもたちは、まず最初にこの「家庭的なシステム」に通うことで、システム的なものに慣れて免疫をつくっていくのです。そして、小学校、中学校、高校、大学と進学するにつれてより本格的なシステムを経験していくことになります。大学の先生は、保育士さんたちに比べると、抱っこもしてくれませんし、ずいぶん冷たいですよね。

2　学校教育の様々な意義

もっとも、単にシステムに適合するために学校に通うわけではありません。学校に通うことには、それ以外の意義・機能があって、それは多岐にわたります（なお、「機能」とは、本来の意図的な役割に加えて、意図しないことであっても結果として他者に作用を及ぼしている場合も含めた、広い意味での役割のことです）。みなさんも長いあいだ学校に通ってきたでしょうが、学校という制度・場所にはどんな社会的な意義・機能があると思いますか。

第一に、学校で学ぶ国語・算数などといった知識は、システムにとって必要だというだけではなく、少しおおげさにいえば、人類が長い時間をかけて積み上げてきた、知的・文化的な遺産の最良の部分なのです。第4章で学んだように、子どもたちは文化を身につけることによって、人類の知的・文化的遺産を自分のものにしていくのですが、もしも学校がなければ、子どもたちは、もっと雑多で偏った知識を得るようになって、迷信や偏見やうわさにふりまわされる人生を送ることになるかもしれません。そうならないように、日本の学校教育は、文部科学省や各自治体における教育委員会といった公的な機関の指導のもと、できるだけ正しく中立で必要な知識を厳選して子どもに与えるようにしているのです。なかでも、文字の習得、とくに漢字の習得は、実はとても難しいことで、学校における強制的な反復練習があってこそ身につきます。そして文字は、人類の知的・文化的な遺産を学ぶうえで必須です。

同時に、学校で様々な科目を学ぶなかで、一時の感情に流されることなく理性によって自己を統制し、目標を定め目標に向かって適切な段階を踏んで真実と成果にたどりつく、という態度を身につけることができます。社会学では、反復行動のなかで身につける心身の習慣を「**ハビトゥス**」（⇩4章）といいますが、学校教育においては、そのように地道に努力ができるハビトゥスを身につけることができるわけです。家庭であれば、お手伝いをお願いされても「後で」と言ってごまかすことができるかもしれませんが、学校ではそのような甘えた態度は通用しません。体育の時間には、みんなで揃って体操や行進をする、ということを何度もやらされたと思いますが、こうした規律ある行動を反復させるのは典型的なハビトゥス形成の手段です。

例えば、数学は何のためにやるのかわからない、難しい公式なんて大人になっても少しも使わない、などといった不満を耳にすることがありますが、しかし、数学にしっかりと取り組むと、自分の願望と異なって人は容易に間違えること、正解にたどり着くためには綿密な思考と適切な手続きの積み重ねが必要なのだ、ということを学ぶことができます。子どもの願望の世界とも大人たちの世間とも異なる、客観的な「現実」に触れる、という貴重な経験を積むことができるのです。スポーツもまた、数学などと同じように、願望ではなく現実にふれる貴重な機会をもたらします。試合に勝つためには願望や幸運だけではどうしようもなく、適切な努力を積み重ねなければなりませんし、努力してもダメなことがあることを思い知らされもします。このように、ルールと現実に従って持続的に努力するというハビトゥスは、システム内での労働者としても必要なことですが、家族・共同体の一員としても必要なことです。家事も子育ても、地道で気の遠くなるような努力の積み重ねなしには成し遂げることはできません。

また、学校に通うことで、子どもは多くの人と出会うチャンスを得ます。容姿や性格、知能や経済的な状況といった多くの点で異なるタイプの子どもたちが学校には集まっていて、そうした人同士が長時間同じ場所で過ごすことで、家庭や地域では経験できない多様な経験を積むことができます。同時に、国語や算数などみんなが同じような教育を受け、体育祭や修学旅行など似たような経験をすることによって、国民全体が多くのものを共有し同質性が高まる、という効果もあります。さらに、教育内容の多くは国境を越えても通用するものですから、子どもたちは、教育を受けることで、国境を越えて他の地域の人たちと理解しあい、共感しあうことができます。教育のおかげで私たちは世界市民の一員になっていくのだ、とすらいえるのです。

3　隠れたカリキュラム

このように、学校教育は子どもたちに多くの貴重なものを与える機能をもっているのですが、しかし、学校で経験することは、子どもたちにとっていいことばかりではありません。

社会学者のイヴァン・イリイチは、学校には、国語・算数・理科・社会といった表向きのカリキュラムだけではなく、必ずしも明示されていないけれども、学校が担っている様々な機能があると考え、それを「**隠れたカリキュラム**」と命名しました。隠れているかどうかはともかく、先にあげた、教科を学ぶといったもっとも目立つ学校の機能や持続的努力をするハビトゥスを形成すること、友だちとの出会いとコミュニケーション、国民全体の共通感覚の形成、といった機能以外にも、次のようなものをあげることができます。

- 教育を通じて社会的な平等性を確保する（具体的には、貧しい家に生まれても学校に通うことで社会的に上昇する機会が与えられる）。
- 入学試験などの試験によって社会的な選抜を行う（とくに日本では、試験・成績によって学校および生徒・学生の差別化が行われている）。
- 中卒、高卒、大卒といった学歴を与える。
- 教師や教育業界関係者に仕事を与え利益をもたらす。
- ＰＴＡや各種催しなどを通して地域の人たちが相互に関わりあう機会をつくる。
- 社会の非公式の慣習や価値観を伝達・継承する。

学校というのは、このように、実に多くの機能を担うのですが、そこには、様々な集団の理念や利害、あるいは都合といったものが反映されています。

これらの多くの機能はそれぞれに重要な問題を含んでいるのですが、ここでは紙幅の都合で、最後の「社会の非公式の慣習や価値観を伝達・継承する」だけを取り上げましょう。表向き、学校は憲法の理念と教育基本法という法律にそって運営されます。学校は、「教育を受ける権利」に基づいてつくられており、「個人の尊厳」を重んじる教育が行われるはずであって、本来人間同士には上下関係などないはずです。ところが、放課後に行われる部活動においては、とくに運動系の部活動では、先輩・後輩関係というものが重視されます。先輩の言うことは、多少理不尽なことでも後輩は従わなければならない、といった価値観が横行しているのが、今日でも実態でしょう。こうした上下関係を重んじるという発想は、そもそもさかのぼれば古代中国における儒教思想から生まれたものです。儒教では、親子・長幼・師弟・君臣といった上下関係の分をわきまえることが人の道の基本だと考えました。その儒教を日本社会は江戸時代に受け入れたのですが、その価値観は、表向きは憲法によって事実上否定されながらも、一部ではなお受け継がれていて、それがとくに学校の部活動という場で継承されているのです。人と人のあいだに上下関係があるという発想は、万人の人権の平等を根本とする憲法にも、命令や強制ではなく対等な対話を原理とする民主主義の精神にも完全に矛盾するものであって、論理的には両立不可能なはずです。しかし、理屈では両立不可能なはずのことをあいまいなまま両立させてしまうところが、日本社会の特性の一つかもしれません。

このように、学校には多くの機能が折り重なっているのですが、なかでも義務教育を担う学校の最も重要な社会学的特徴は、それが強制的だということです。

4　国家装置としての学校

改めて考えてみれば、このたいへんな強制力は国家的な権力によるものだということがわかります。国ならびに地方公共団体の膨大な予算が投入されて、日本全国津々浦々に小学校・中学校が建設され教員が配置され（毎年の国家予算に占める文教予算は四兆円余りにのぼります）、そこに、これまで各家庭で大切に育てられてきた子どもたちが、本人や家庭の都合や希望などに関係なく、六歳になった次の四月から、突然三〇人前後の同じ年の子どもたちが集まる教室に放り込まれて、以降九年間、雨の日も雪の日も誕生日にも通い続けるのです。教師を選ぶことはできませんし、そこで学ぶ内容も、学校や教員によって多少の違いはありますが、大筋は文部科学省の指示にしたがって全国一律のもので、本人の都合や希望は通りません。通わない・通わせない、という選択肢はなくはないですし、不登校の子どもは一定数いるのですが、それでもほとんどの子どもたちは小中学校に通い続けます。私たちは基本的な人権として最大限の自由を享受できるはずですが、義務教育という強制的な制度のことを考えると、本当に「自由」なるものがこの社会にあるのか、よくわからなくなってくるほどです。

ミシェル・フーコーというフランスの歴史家・思想家は、学校を含めた近代社会における様々な組織は、実は監獄を一つのモデルにしているのではないかと考えました。監獄は、少数の管理者が多数の受刑者を管理し、**規律・訓練**をしていく装置です。学校も、監獄ほどではないものの、自由や人権の理念とはうらはらに、子どもたちを敷地に閉じ込め規律・訓練していて、そのさまは確かに監獄に似ている部分があります。軍隊や病院、あるいは工場などもそうした管理装置になっています。個人的なことをいえば、中学校の体育の時間、毎回行進ばかりやらされて、まるで軍隊みたいだと、ずいぶん不愉快だったのを思い出します。

国家は、なぜこのように膨大な予算と手間暇を費やしてまで、子どもたちを学校に通わせ教育を施そうとするのでしょうか。江戸時代までの朝廷とか幕府や藩は庶民にたいして教育を施そうとはほとんどまったくしようとしませんでした。しかし、明治時代になって近代化がはじまると、国家のありかたが根本的に変わります。それは「**国民国家**」というものになって、貴族や武士ではなく、国民全体が主人公の国家に変わっていったのです。生産や経済活動だけではなく、政治活動や軍事も一般の国民が担うようになりますし、近代化がはじまったころは、国家間の競争が激しく戦争も多かったこともあって、国民全体の「質」の向上が国家の命運に直結するようになったのです。そのために、どの近代国家＝国民国家も教育を重視し国民皆学を目指すようになりました。国家は、教育によって人々を「国民」にする必要があったのです。

国家は国民にたいして長期間にわたって教育を受けることを強制するのですが、しかし、それは単に国家の命令に受動的に従う国民をつくることを意図しているのではありません。むしろ、システムのなかでしっかりと活躍できるように、能動的なハビトゥスを身につけることが意図されているのです。フランスの思想家のルイ・アルチュセールという人は、国家による人々の「**主体化**」ということに注目しました。主体化とは、単に命令されたことに服従するだけの受動的な存在ではなく、自ら進んで一生懸命考え行動する主体的存在になっていくことです。前近代社会でも人々は国家に従属していたのですが、それはもっぱら納税とか労働奉仕といった局面においてだけであって、日常生活はそれぞれの地域や家族において自律的に展開されていました。しかし、近代国家における学校において子どもたちが教えられるのは、読み書きそろばんといった、近代国家のなかで生きていくうえで必要な最小限の知識だけではなく、挨拶をする、嘘をつかない、清潔にする、身の回りの人たちを不快にさせない、約束を守る、決められた時間を守る、無駄づかいをしない、努力を重ねて目標を達成する、乱暴な言動をしない、といった生活の全般と人格の全体に深く関わることにまで及びます。それら全身体的・全人格的な変容が主体化なのです。このような主体化された人間とは、まさに「システム」の維持・発展に欠かせないものなのです。

「受験競争」とは、この主体化された人たちがかなりの程度自主的に生み出したものです。子どもたちは、親に促されたりして、少しでも「いい」学校に入学しようと受験勉強に取り組みます。日本では、いい学校に行き、いい就職をして、いい結婚をして……という人生のイメージが長く支配的でしたし、今でもある程度持続しています。とくに、よい大学を卒業したなどといった「学歴」がその後の人生においても何かと利益につながる、という「共同幻想」が強い社会のことを「**学歴社会**」といいます。例えば、東大が一番だと誰が決めたわけではないのに、何となく、日本の大学はすべて東大を頂点とする序列のなかに位置づけられている、とみんなが思い込んでいる、というのが、まさに「学歴社会」である証なのです。近年では、さすがにこうした思い込みは少し弱くなってきたようですが、韓国・台湾・中国など近隣諸国では今でも受験競争は非常に厳しいそうです。日本でも、一部の親たちは今でも、子どもに「お受験」をさせて有名私立学校に進学させたり、幼いころから塾に通わせたりしています。

こうした受験競争のなかで、子どもたちの「序列化」が進みます。小学生も高学年くらいになってくると、もう「頭のいい子」や「頭の悪い子」といった言い方が本人たちによって使われたりします。本当は人間の能力は多様なもので、知的な部分に限っても、記憶力、論理的思考力、対人的な洞察力、あるいは発想の豊かさや創造性など、実に多様な知的な能力がありますし、それらをひっくるめて一人ひとりに無二の個性があるはずです。しかし、学校のなかで勉強をし競争をすることで、あたかも人間の能力を一元的に測り序列化できるかのように受け止められてしまうのです。そして、各種の学校も、入学の難しさや偏差値によって序列化されてしまいます。学校は本来、平等性の確保、つまり国民のあいだの格差を縮めることを目的としていたはずなのに、むしろ人を序列化し差別化し格差を正当化する機能をもってしまっているのです。「頭が悪い子」「運動ができない子」「みんなと仲良くできない子」「障害のある子」「落ちこぼれ」……そういったふうに個性をもった子どもを劣った人、「社会」に適応しにくい子として、学校教育がラベリング（社会学用語で、社会がある種の行為をする人にたいして逸脱者というレッテルを貼ること）してしまうのです。勝ち抜き戦で行われる各種のスポーツ大会もまた、ごく少数（あるいはたった一人）の勝利者を生み出しつつその他をすべて敗者にする仕掛けになっていて、ずいぶん残酷です。こうして、現実の学校は、その理念とは別に、勝利者という幻想をふりまきながら、膨大な数の社会的敗者（という思い込み）を生み出す巨大な装置になってしまっています。

ところで、このように学校というものが子どもたちを主体化し、システムへと駆り立てていくなかで、「共同体」がすっぽりと姿を消していることがわかります。家にいる時間が減り、家と学校と塾とを行き来するなかで、地域とのつながりも薄くなっていきます。

「国語」の教育というものを考えると、学校教育が国民を主体化する一方で共同体を空洞化させていく、具体的な様子がよくわかるでしょう。みなさんは、小学一年生の時から長いあいだ、「国語」という科目を習ってきたはずです。「国語」で習ったのは、方言とは異なる、「共通語」でしたね。学校教育が普及する以前には、人はそれぞれの地域の言語、いわゆる方言だけをしゃべっていました。そのころは日本の方言はかなり多様で、谷一つ越えれば違う方言であって、東北と九州の人では口頭では意思疎通ができなかったそうです。文章であれば理解しあえましたが、文章を読み書きするには教育が必要で教育を受けられる人は限られていました。そのかわり、地域の言語は、共同体の言語ですから、その地域・共同体の歴史や特性を背負った、ある種の親しみを感じさせる作用があります。しかし、それでは国民に団結し大いに活躍してもらいたい「国民国家」としては不都合なわけです。

そこで、明治政府は、**近代化**（⇩1章）の政策のなかで全国で通用する「共通語」なるものを、東京地域の方言をベースにつくりだして、全国の学校で教えるようにしたのです。そうすることで、国民相互が文書によっても口頭によってもより容易で正確にコミュニケーションできるようになっていきます。そのことは、国家がシステムとして発展していくうえでの重要な基盤となりましたが、同時に地域が独自性を失っていくことにもつながりました。明治維新から一五〇年余りが経ちましたが、そのあいだに、各地の方言はゆるやかに力を失い共通語化してきました。

共通語だけではなく、基本的な計算の能力や「社会」や「理科」についての常識的な知識、あるいは英語の能力なども、システムを担う労働者にとって必要なものです。家庭を営むのに必要な知識は、ほんのおざなりにしか教育されません。そうしたことを考えても、学校というものが、子どもたち自身のためにある、というだけではなく、むしろ、共同体とは異なるところの、システムを発展させていくために、子どもたちを変容させ「主体化」し、労働者予備軍として成長させるためにあるのだ、ということがわかるでしょう。

こうしてみてくると、子どももずいぶんたいへんだということがわかりますね。家庭から引き離されて、強制的に学校に長期間通い、システムにとって都合のいい知識や生活態度を身につけないといけませんし、平等と上下関係といった矛盾した理念を矛盾したまま受け入れなければなりません。さらに、「いじめ」のような陰湿で残忍なことも学校ではしばしば行われます。いじめについては第7章で扱いますが、ともかくも、この学校という強制的な社会のなかで子どもたちは、やはり圧倒的な受け身性を余儀なくされつつ、多くのことを学びながら、なんとか生き延びなければならないのです。

考えてみよう

● あなた自身の学校生活をふりかえってみて、どんな「隠れたカリキュラム」があったか、思い出して考えてみましょう。

● 学校教育は、社会の平等性の確保に寄与しているのか、それとも社会的格差の拡大を招いているのか、考えてみましょう。

● 近年では、学校に通わない子どもたちもいます。どうしてそのような選択をする子どもが増えているのか、そこにはどんなメリットやデメリットがあるのか、調べて考えてみましょう。

● 主体化とはどのような現象か、本文と「キーワード」の解説をよく読んで、考えてみましょう。

● なぜ方言と共通語の二つの言葉が存在するのか、また両者にはどのような性質の違いがあるのか、考えてまとめてみましょう。

■キーワード

学校化社会と隠れたカリキュラム (schooling society, hidden curriculum) どちらもイリイチの言葉。——学校化社会は、学校に行くことを当然の価値とする社会のこと。隠れたカリキュラムは、建前上は存在しないかもしれないが学校が果たしている種々の機能のことである。子どもたちの序列化、上下関係、ジェンダーの内面化など。

規律・訓練（discipline）　discipline は英語圏では日常用語で、しつけ、訓練、統制といった意味だが、フーコーは、これを近代社会に特有な、人間が身体的・全存在的に自分自身を統制できるようにする過程とみなした。軍隊、監獄、病院、学校などが、この規律・訓練を行う典型的な装置である。

国民国家（nation-state）　英語の nation には、民族という意味と国民という意味の両方があって、nation-state とは、同一の民族が同一の国民となって形成された国家のことである。日本人が構成する国家が日本国という国民国家とされる。これはしかし、イデオロギー的な理念であって、実際には日本国民であっても、異なる民族的な出自をもつ人もいるし、日本列島に住んでいた祖先をもっていても今では外国籍の人もいる。

主体化（subjectivization）　自ら判断し積極的に行為することが国家的なイデオロギーに従うことにもなるという背理を説明しようとして、アルチュセールがつくった言葉。英語の subject（主体）には、主体・主観という意味と従属・臣下という相反する意味がもともとある。日本語でも、「反省する」の元来の意味は自らを静かに省みる、ということだが、実際には「自分の誤りを認めて社会的な規範に従う」という意味になっており、ここにも主体化の現象をみることができるだろう。

学歴社会（credential society）　中卒よりは高卒、高卒よりは大卒、偏差値の低い学校よりは高い学校、という具合に高い学歴に価値があるとみなし、実際に何らかのかたちで高い学歴の者を優遇する社会のこと。高度な知識を必要とする近代社会が学歴を重んじるのは自然なことだが、学歴が一種の身分に転化するほどに学歴を重んじ受験競争が激化するのは、東アジア圏の社会の特徴でもある。学歴社会にたいする反対は以前からあったが、近年では、フリー・スクールなど、正規の学校に行かない選択をする実践も盛んになってきている。

■さらに学ぶための本

イヴァン・イリイチ（東洋ほか訳）『脱学校の社会』東京創元社、一九七七年

学校と学歴を偏重する現代社会を告発的に論じた古典。

竹内洋『立志・苦学・出世——受験生の社会史』講談社学術文庫、二〇一五年

勉強をして出世を目指した近代日本の若者たちの歴史。

苅谷剛彦『学校って何だろう——教育の社会学入門』ちくま文庫、二〇〇五年

試験、校則、教科書……学校教育の意味を、原理的かつ多角的に、しかし平易に論じた本。

ルイ・アルチュセール（西川長夫ほか訳）『再生産について——イデオロギーと国家のイデオロギー諸装置』（上・下）平凡社ライブラリー、二〇一〇年

主体化と国家の関係についての理論的考察。

ベネディクト・アンダーソン（白石隆ほか訳）『定本 想像の共同体——ナショナリズムの起源と流行』書籍工房早山、二〇〇七年

国民国家の歴史的生成の過程をダイナミックに描いた古典。

第6章　成長における幻想と文化

1　同一化のメカニズム

子どもは、次第に家庭から離れて学校で長い時間を過ごし多くを学ぶようになります。しかし、この時期の子どもが学ぶのは、学校での正規の勉強や「隠れたカリキュラム」ばかりではありません。学校や近所で知り合った友だちとの交流や、テレビやネットなどの文化的な体験からも、多くを学びます。この章では、子どもたちが成長していくうえでの、文化的・社会的体験の意義と問題について考えます。

友だちをつくる能力やネットなどからの影響の受けやすさは、おそらく小学生のころがピークで、乾いたスポンジが水を吸うように、家庭の外からどんどん多くのことを学び、自分のものにしていきます。「臨界期」といって、音楽・スポーツ・外国語など、この子ども時代でなければ十分に身につけられないものがあることもわかっています。そういう観点からいえば、子どもは大人などよりもはるかに優秀で、いつも外に向かって開かれています。

こうした子どもの急激な成長を考えるうえで重要なのは、「**同一化**」という現象です。人間は自分と他人とを区別して生きていますが、同時に、絶えず身近な他人のことを自分のことであるかのように感じる、という現象が起きます。それが同一化です。日常用語でいえば、共感とか同情とか真似などはすべて同一化にあたりますが、分析的にいえば、同一化にはおおよそ三種類のパターンがあると考えられます。

まず、「取り込み型の同一化」です。これは、他人の特性を真似て自分のものにしようとすることで、体内化ともいえるものです。人気のあるスポーツ選手に憧れて、プレーの真似をしたり同じユニフォームを着たりすることで、自分もその選手のようにかっこよくなったような気になったりします。それが取り込み型の同一化です。テレビの化粧品のCMできれいなモデルがきれいにお化粧をして登場したりするのも、取り込み型の同一化が起きることを期待しているわけです。部分的にでも真似すれば、あたかもその人のようになれると感じるということが取り込み型の同一化なのです。こうした同一化の現象は生涯続くものですが、とくに小学生から高校生くらいまでは非常に盛んに行われます。実際にはいくら一生懸命真似しても他人と自分は異なるままですから、有名人のようにかっこよくなったりきれいになったりするわけではありませんが、しかし、繰り返し同一化をすることで、実際にある程度は子どもたちは成長することができます。そして、その過程のなかで、子どもたちはその時代に一般的な価値観や美意識を自分のものにしていくのです。そのように考えると、子どもたちの

社会化（⇩1章）において、この取り込み型の同一化は本質的な重要性をもっていることがわかります。取り込み型の同一化は、第4章で述べたような母親から受け取る一次的な愛情の「取り込み」に端を発していると思われます。

つぎに、「投影型の同一化」があります。これは、他人の苦しみや喜びを、まるで自分に起こったことであるかのように感じる、という現象のことをいいます。満員の電車のなかでお年寄りが立っているのを見て、しんどいだろうから席を代わってあげようかなと思ったり、アクション映画で主人公が危ない状況に追い込まれているのを見てハラハラしたりする、といったことにも投影型の同一化が作用しています。日本語でいえば共感や同情という言葉がぴったりします。ちなみに儒教の創始者の一人である孟子は、川で溺れている子どもを見かけたら、それが見知らぬ他人であっても、助けたいと思うのが「仁」のはじまりだ、といいました。儒教において仁は最も大事な人間の特性とされていますから、孟子によれば、投影型の同一化が人間を人間たらしめている能力だということになります。とくに子どもを育てるさいには、お腹空いたかな、さびしがってないかな、といつも親はわがこと以上に心配しているものですが、これもこのタイプの同一化の働きです。

以上二種類の同一化はわりとわかりやすいのですが、三種類目の同一化は少し理解しにくいかもしれません。それは「排出型の同一化」で、本当は自分のことなのに、それを他人に無意識的に投影して、嫌悪・拒否する、という現象のことをいいます。例えば、いつも節約に努めている人でしたら、友人がお金を浪費して遊んでいるのを見て嫌な気持ちになったりするかもしれません。もしそうだとすれば、お金を使って遊びたいという自分の隠された欲求を、その友人の行動に見ることで、自覚しかけて、そのために不安になったり嫌悪をしたりする、という心理的なメカニズムが瞬間的に働いている、ということになります。意識的には、相手は自分とは違うと認知しているので、「同一化」という言葉には馴染まないようですが、無意識的には相手と自分の欲求の区別がつかなくなっているので、これも同一化の一種なのです。この排出型の同一化は、次の章でも論じますが、差別やいじめの原因となる心理的なメカニズムで、社会的には有害になりやすい、やっかいなものです。

なぜ、人間が、他の動物と異なって、このような高度で複雑な同一化を盛んにするのかは、よくわかりませんが、人間に豊かな記憶力と想像力が備わっていることが前提となっているものと思われます。ともかくも、全体としていえば、この三種類の同一化を絶えず繰り返すことによって、人は、外部の快の源を自己に取り込み（取り込み型の同一化）、不快の源を外部に投影する（排出型の同一化）、つまり、飲み込みと吐き捨てを繰り返して、精神衛生を保ちながら、他者たちとの共感の共同的関係（投影型の同一化）を保っていると考えられます。以上の同一化は分析的にみれば三つに分類できるということであって、現実の現象としてはこれらの同一化は未分化のまま同時進行的に行われていることが多いでしょう。そして人間という動物は絶えず他人にたいして何らかの同一化を行っているのであって、そのことの積み重ねが一人の人の人格の形成を促すとともに、人間同士の共同性・社会性の心理的な基盤となっているものと思われます。

2　欲望の模倣と成長

人間は、このように、盛んに同一化を行っているのですが、この同一化を行うなかで、「欲望」も他人のものを取り込んで自分のものにする、ということが起きます。このあたりの機微を、ルネ・ジラールというフランスの社会学者が「モデル＝ライバル」論という理論で上手に描いているので、彼の理論を、とある高校のクラスでのよくある人間模様を例にして、説明してみましょう。

高校のクラスにA君とB君という二人の男の子がいるとします。二人は仲のよい友だちなのですが、実はどちらかといえば、A君がB君に憧れている、という関係です。この場合は、A君がB君に取り込み型の同一化をしているというわけで、ジラールはB君がA君の「モデル」になっているとしました。ただし、必ずしも本人たちがそうした関係性を十分に自覚しているわけではなく、対等な友人関係だとみなしているのが普通です。そこにCさんという女の子が現れて、B君は彼女に惹かれます。B君はCさんに告白するまえに、Cさんが好きだということをA君に告げます。すると、A君はそれまでCさんにさほど魅力を感じていたわけでもないのに、急にCさんのことが気になってしまう……こんな展開は実際にありそうなことだと思いませんか。ジラールは、B君のCさんへの「欲望」をA君が模倣した、とみなしました。そのことで、A君にとって「モデル」であったB君が、Cさんをめぐって「ライバル」になった、というわけです。だから、モデル＝ライバルなのです。

ジラールは、こうした「**欲望の模倣**」をともなう三角関係は、人間と人間の関係にあってもっとも基本的でありふれたものだといいます。彼はヨーロッパの数多くの小説を分析して、その多くがこの三角関係のバリエーションだとみなしたのですが、日本の社会学者の作田啓一もジラールにならって、日本の小説をいろいろと調べたところ、やはりこの三角関係を見出しました。例えば、夏目漱石の『こころ』には、ほとんどそのままこのジラール的な三角関係が描かれています。大学生の「私」は、友人のKが「お嬢さん」のことを好きだということを知って、直ちに「お嬢さん」に結婚を申し込んで婚約してしまいます。それを知ったKが自殺して、そのことを「私」は悔い続ける、といった話です。

ジラールのモデル＝ライバル論からみえてくるのは、欲望というものは、必ずしも最初から自分のなかに明確に存在して機能しているのではなくて、同一化の対象となっている他人から喚起されてはじめて明確なかたちをとって強くなることが多い、ということです。こうした欲望の模倣は、恋愛だけではなく、ファッションや趣味、あるいは進学先や就職先の選択などでも起こることであって、若い人たちの社会化全体に大きな役割を果たしているものと思われます。

3 「文化」を自分のものにする

子どもたちは、このようにして、絶えざる同一化と欲望の模倣を繰り返しながら、周囲から大きな影響を受けます。周囲とは、友だちなど生身の身近な人に限らず、いわゆる「文化」からも甚大な影響を受けます。

私の小学生のころ（一九七〇年代後半です）には、テレビ番組と漫画が一番の娯楽でした。その前だと映画、その後にはテレビゲームに人気が出てきて、最近はYouTubeなどネット上の動画を子どもたちは熱心に見ています。これらの娯楽的な文化に共通しているのは、生身の人間にふれあうことのない、バーチャル（虚構的）で商業的なものだということです（YouTubeは必ずしもプロだけのものではないようですが）。いつの時代もこうした新しいメディアは教育上よくないのではないかと批判され、子どもたちに触れさせないようにする、ということが行われてきましたが、それでも、それぞれの時代の子どもたちは、こうした文化に魅了されて、そこから多くのことを学びます。

なぜ、子どもたちは、かくも「文化」に魅了されるのでしょうか。そもそも文化とは何でしょうか。「文化」とはかなり広い意味で使われるあいまいな言葉ですが、ここでは、第4章第2節で紹介した、ウィニコットの文化の説明を思い出しましょう。彼によれば、文化とは、「ママ化」されたものでした。つまり、情け容赦のない冷たい「現実」を受け入れることは子どもには難しいので、そのかわり、かわいらしいクマのぬいぐるみとか、居心地のいい家とか、聴き心地のいい音楽とか、そういった人工的な文化的産物に触れてそれらを享受することによって、少しでも安心をしようとします。つまり、母親に甘え続けることのできない人間が、母親の代わりに生み出したのが「文化」だ、というわけです。子どもたちは、先人が生み出してきたこうした「文化」を取捨選択しながら次第に自分のものになくなっても生きていけるように、なんとか自立していくのです。

この文化的産物の中身には、基本的に「**欲望充足**」の原則が働いています。欲望充足とは、フロイトが夢について分析したさいに使った言葉で、フロイトによれば、夢の内容は、一見不安や恐怖に満ちていても、実は夢を見る人が夢のなかで願望を充足できるようになっているのだ、と考えました。人間には**超自我**という親や社会から内面化した**規範**（⇩2章）に従おうとする心理的な働きがあるため、夢のなかでさえも、あからさまには欲望は実現されないのですが、それでも夢は超自我の要求にある程度応えながら、自らの欲望を実現しようとします。同じように、文化的産物の内容もほとんど常に欲望充足的です。例えば、格闘ゲームをすれば、男の子たちは力強くて敏捷で必殺技をもったヒーローに簡単になれます。女の子向けの漫画やドラマでは、可愛らしく愛らしい主人公がこのうえなく素晴らしい二人の異性に同時に愛される、などといったプロットが繰り返されてきました。そうしたプロットには多少の障害とそれを乗り越える苦労が描かれていたりはしますが、そのことで享受者の超自我がなだめられるのです。大人向けのものでも、もっと屈折して複雑にはなっていますが、だいたいは欲望充足的な内容になっているはずです。

４　日本における「おたく文化」

戦後の日本社会では、こうした若い人たち向けのバーチャルな文化がかなり発達してきました。とくに一九八〇年代以降には、テクノロジーの発達にともなって、アニメやゲームなどにおける特定の文化的ジャンルに熱中する人たちを意味する「おたく」という言葉が流行語になるほど、一〇代から二〇代にかけての男子を中心に多くの人がバーチャルな文化を長時間享受するようになりました。近年では、ネットゲームが一部で流行し、なかには「現実」の生活よりも仮想空間での活動のほうを大切にしている人もいて、長時間ネットゲームに熱中して日常生活がままならなくなる人すらいるようです。私は、一九八〇年代に中高生でしたが、「おたく」的な人はクラスでも数名という感じでした。しかしおそらく「おたく」的な若者の割合は次第に増えて、今日では「リア充」（リアルな実生活が充実している人という意味）と「おたく」とで大別されるほど、おたく的な人は増えてきました。

このように、仮想空間に惑溺する若者が増えてくることは、世界的な傾向でもあるのですが、日本社会ではとくに著しいようです。私の観察した範囲でいえば、欧米の社会では、「おたく」的な行動様式は、かなり蔑視される傾向が強いように思われます。欧米では伝統的に、「成熟した大人」のイメージがかなり確固として存在していて、その様式にそって行動することが中高生くらいでも、少なくとも表向きは強く期待されています。地域の大人として、恋人のパートナーとして、親として、どのようにふるまうべきか、つまり、それぞれのあるべき**ハビトゥス**（⇩4章）が、窮屈なほど決められているのです。今日の欧米では、「ダイバーシティ」（多様性）を表向きは尊重しますが、マジョリティの文化様式から外れてマイノリティとして生きることには、実際にはそれなりの覚悟がいるようです。

しかし、日本では、第4章第4節でも論じたように、とくに男の子にたいして「甘い」ところがあって、思春期になっても、「成熟した男」になることが周囲からあまり強く期待されない傾向があります。男の子がネットゲームに熱中しても、そこまで非難されたり白眼視されたりしません。他方で、女の子にはあまり甘くなくて、年齢相応に「女子」らしくふるまうことがかなり強く期待されます。一九八〇年代にはおたく的な女の子はごく少数でしたし、最近でも、おたく的なふるまいをすると、「痛い人」などといった具合に、かなり厳しい視線を覚悟しなければなりません。

一九八〇年代以降に「おたく文化」が花開いたことには歴史的な背景もあって、そもそも日本では江戸時代から、娯楽的な文化が大いに盛んでした。浄瑠璃、俳句、祭礼などいろいろな遊びの文化が発展していました。明治以降には、富国強兵と立身出世がスローガンとなるなか遊びの文化は後退しましたが、大正時代になると再び都市文化が興隆し、十五年戦争ともいわれる長期間の戦争による社会の荒廃を経て、戦後の経済成長のなかで再び娯楽文化が発展しはじめ、一九八〇年代につながっていくわけです。

このような心理的・歴史文化的な背景があって、日本においてはヴァーチャルなおたく文化が大いに開花したのですが、それは産業としても発展しました。日本製のゲーム機は一時期世界的なシェアの高さを誇り、成人男性向けの動画も日本では特異なほど産業として発展してきました。おたく的な日本文化は産業資本主義にかなり深く食い込まれているのです。ネット上では、無数といってもいいほど多くの業者がしのぎをけずっていますが、こうした産業資本主義のシステムが目指すのはユーザーの欲望を、とくに刺激されやすい脆弱な部分に入り込んで、さらに掻き立てて、提供するサービスに金銭を支払い続けさせることです。

そのような過剰な欲望の場に身をさらすことが、成長していく子どもたちにどのような影響を与えるのか、まだはっきりとしません。しかし、おそらくは、他の文化と同様に、しかしいっそう強力に願望＝欲望を喚起し充足させる空間となっていて、そのことによって、もともと家族や学校といった「リアル」において十分に育ち満たされることのなかった自己愛＝自尊心が、ネット空間上で擬似的に満足されるのだと思われます。昔だったら、否応なく人間関係のなかでもまれて、良きにつけ悪しきにつけ「大人」にならざるをえなかった人たちが、今日ではネット環境に守られて、地域や国境を超えて自分の嗜好的な欲望を満足させてくれるネット世界に惑溺し続け、現実の人間関係のなかで傷ついた自己愛をなんとか温存させてしまうような、大人になりきれないひ弱な青年になってしまうことがよくみられるのです。ネット世界では、全人格的・全身体的なコミュニケーションはしなくてすみますし、嫌になったらオフラインにしてしまえばいいだけなので、人として成長していく必要性がないのです。ネット世界から抜け出ることができずに、自宅にひきこもってしまう人ももはや少なくありません。以前から、大人になりたがらない青年たちのことを心理学者は「永遠の少年」などといいましたが、そうした、家族以外の友人や恋人といった共同的関係ももたず、旧来型のシステムにたいする適応としての社会化も十分にはされない若者たちは、今日ますます増えているようです。

かつてウィニコットは、文化を個人と現実とを橋渡しするものとみなしたのですが、今日では、文化的な欲望の仮想空間が、現実社会を凌駕しかねない事態になっています。今後どうなるのかわかりませんが、ともかくも仮想空間に長くとどまるという新しいライフスタイルが次第に拡張してきているることは間違いありません。そこには様々な可能性と同時に未知の危険性も潜んでいるに違いありません。

若い人たちが仮想空間から抜けだした後に、どのような精神的な可能性があるのか、という問題については、この本の後半以降（とくに第10章と第12章）で論じます。

考えてみよう

- あなた自身はどのような同一化を経験してきたか、思い出してまとめてみましょう。
- どのような現象に「排出型の同一化」がみられるか、具体的な事例を取り上げて、その仕組みを考えてみましょう。
- フロイトのいう、夢における「欲望充足」の原則とは何か調べたうえで、自分の夢の解釈にも適用できるかどうか、考えてみましょう。

漫画や映画などの物語のストーリーを取り上げ、そこにどのような欲望がどのように充足されているのか、あるいはどのような欲望の模倣が描かれているか、分析してみましょう。

「おたく」的な生き方についてあなたはどう思いますか。考えてまとめてみましょう。

■キーワード

同一化（identification）　他人であるのに自分であるかのようにみなすこと。精神分析においてとくに発展した概念だが、本書の本文で同一化を三つに分けたのは、社会化の仕組みをわかりやすく説明するためにとくに試みたもので、必ずしも一般的な理解と同じではない。同一化は本人の精神衛生を保ち成長させる効果をもつとともに、人と人とを感情的に結びつけることで共同性を生みだす心理的基盤となっているものと思われる。

欲望の模倣（mimetic desire）　他人の欲望を取り込んで自分の欲望であるかのように感じること。私たちは自分の欲望は自分自身の内面から湧き起こるように思いがちだが、実際には同一化のメカニズムによって様々な他人の欲望を模倣していることが多い。欲望の模倣は、具体的な人間関係においては、いわゆる三角関係を生み出し、より広い現象としては、流行や同調を生み出す。

欲望充足（wish-fulfillment）　願望成就とも訳される、フロイトが夢の機能として提起したもの。夢の内容が、一見したところ、不安や恐怖に彩られていたとしても、実はその内実において、前の日の昼間など目覚めている時に経験した不安や不満が夢のなかでは本人にとって都合のいいかたちに変わっていることが多い。そこにフロイトは欲望の充足をみたのである。

超自我（super-ego）　これもフロイトの用語で、「あれをしたらダメ」「これをしなさい」と自分自身に命じてくる心の働きのことで、それに反する行為をすると罪悪感が生じる。生まれたばかりの赤ちゃんにはおそらくこのような意味での超自我の働きはほとんどないが、親の欲望を取り込んでいくなかで形成される。超自我は、同時に、子どもの所属する社会の規範が、しつけなどを通じて内面化される部分でもあって、社会化の心理的基盤でもある。超自我の強さには個人差が大きい。

■さらに学ぶための本

フロイト（金関猛訳）『夢解釈〈初版〉』（上・下）中公クラシックス、二〇一二年

夜見る夢を分析することによって、無意識的な欲望のありかたを示そうとした古典。一見、難しいが、丁寧に読めば多くのことを学べる。

ルネ・ジラール（吉田幸男訳）『欲望の現象学〈新装版〉——ロマンティークの虚偽とロマネスクの真実』法政大学出版局、二〇一〇年

欲望が模倣され伝染していくことを、小説の分析を通して明らかにしている。

作田啓一『個人主義の運命——近代小説と社会学』岩波新書、一九八一年

日本の近代小説を題材に欲望の模倣について論じている。

大塚英志『「おたく」の精神史——一九八〇年代論』星海社新書、二〇一六年
日本の一九八〇年代のおたく文化について縦横に論じている。

M-L・フォン・フランツ（松代洋一ほか訳）『永遠の少年——『星の王子さま』大人になれない心の深層』ちくま学芸文庫、二〇〇六年
ユング派の臨床心理学者が『星の王子さま』を分析しながら、母親コンプレックスゆえに大人になれない男たちの心情を解き明かしている。

コラム　物語における欲望と社会システム

私は日本と中国の近世以降の演劇や映画などの民衆的な「物語」を分析することを専門にしているのですが、いつもみえてくるのは、ほとんどすべての物語が、それを享受することで擬似的に欲望が充足されるようにできている、ということです。それは、夜みる夢が欲望充足的なストーリーをもつことととよく似ています。

なかでも、地域や時代を超えて好まれる物語は、何らかの長所のある（勇敢とか、特別な才能・運命があるとか、繊細だとか）若い男性が、乗り越えられそうにない障害を乗り越えて、このうえなく美しく、しかもやさしい若い女性と結ばれる（あるいは結ばれそこなう）、というタイプのものです。このタイプのものがかくも人

気があるのは、そこにほとんど普遍的といってもよいほど多くの人が充足を望む種類の欲望が表現されているからなのでしょう。

物語にはこうした性愛的な欲望のほかにもいろいろなものが表現されますが、充足されることになる中心的な欲望はほとんどいつも、社会システム的なものではありません。学校で抜群の成績をとるとか、有名大学に入学するとか、大企業に就職するとか、事業で大成功するとか、大金持ちになるとか、そういった社会的な成功が物語のなかで充足される中心的な欲望となることは、とくに近代以降の物語では、あまりないのです（昔話では、金持ちになったり出世したりして、めでたしめでたしという結末はありますが）。むしろ、システム的なものは、しばしば主人公の幸福の邪魔をするものとされ、システムを象徴する権力者はあまり好ましくない人物として描かれます。なかでも近代を代表するメディアである映画における物語では、社会的な成功の類はたいした意味はなく人を幸福にしたりはしない、というパターンのものが圧倒的に多いようです。

このことから、身近な他者との間で織りなされる幸福な関係こそが人間が真に欲望するものであって、社会システム的なものが私たちに提供する価値や欲望や喜びは偽物なのだ……とまで言えるのかどうか、私にはよくわかりません。ただ、多くの物語に触れ分析すればするほど、人間の幸福というものは、人と人とのあいだの、ごくささやかな関係のなかで生まれてくるものであるように感じられます。

第7章　攻撃性の社会学

1　人の攻撃性と近代社会

人は生涯を通して、「攻撃性」という厄介なものを抱えて生きていきます。この章では、人間がもつ「攻撃性」ないし「暴力」について、とくに社会とのかかわりという観点から、学びます。

攻撃性とは、身体的あるいは精神的に他者に意図的に危害を加えようとすることであり、暴力の行使は攻撃性の発現の主要な方法で、身体的な攻撃のことです。殴る、怒鳴る、悪口を言う、嫌がらせをする、といったことも攻撃性の発現と考えることができます。虐待やいじめ、あるいは差別や戦争といったことも、より継続的な攻撃性の発現として理解できるでしょう。妬みや恨み、あるいは抑うつや罪悪感などといった内向的な感情のなかにも攻撃性が潜んでいます。人が成長するうえで、周りの人々や自分自身の攻撃性という人格の根絶しがたい影の部分にどう向き合い、それをいかに抑制していくのかは、本人にとっても社会集団にとってもたいへん重要なことです。

人類の歴史をふりかえると、直視できないほど頻繁に戦争や殺戮といったひどい暴力が繰り返されてきたことがわかります。古代社会においても、人間同士の殺戮は頻繁にあったようですし、文明の進展とともに各種の武器が発達すると、ますます多くの人が殺し殺されるようになりました。ホモサピエンスという名の現生人類は他の動物と比べて比較的攻撃性の高い動物のようです。

ところが、近代社会（⇩1章）においては、暴力をふるうことは法的に厳しく禁じられるようになります。どんなにひどい危害を加えられたり侮辱されたりしても、他者にたいして暴力を少しでもふるえば、それは犯罪になりうるのです。今日では、教育的な意図があったとしても体罰は禁じられていますし、家庭内の暴力も刑事事件になりえます。一般の人による暴力が正当化されるのは、非常のさいの正当防衛としての最小限の暴力に限られています。他方で、近代においては、「国家」は暴力を正当に行使する権限を独占するようになります。具体的には、警察と軍隊という国家機関であり、これらの機関は、国家の法と命令に基づいて、暴力を正当化されたものとして行使できます。暴力を正当に行使できることは、国家の定義ですらあります。

本来人間にとってごく自然なことであった暴力の行使が厳しく禁じられるようになったことは、一般の人たちの心のありよう全般にも深い影響を及ぼしたと、ノルベルト・エリアスというドイツの社会学者は考えました。彼によると、ヨーロッパにおいて絶対主義的国家が強大な権力を獲得するなかで、宮廷において暴力や粗野な行動が蔑視されるようになり、より繊細な感受性をもって適切なマナーにしたがって行動することが宮廷人としてあるべき姿とされるようになりました。こうした新しい精神的・身体的な姿勢・価値観が社会の各層に徐々に広がり、その結果、**超自我**（⇩6章）の強い人格構造をもった自己抑制的な行動様式が一般化したのであって、それが文明化の中身なのだ、というのです。

しかしながら、このように暴力を統制することで暴力的行為が減少したわけでは必ずしもありません。自己抑制的な人間は、持続的なルサンチマン（抑圧され自覚されなくなった他者への攻撃性）を溜め込むとともに、自分自身にたいして過度に厳しくなる傾向があります。また、近代化にともなう兵器の急速な進化などのために、暴力による犠牲者はむしろ増えてしまいました。とくに二〇世紀は戦争の世紀といわれ、世界中で何千万人もの人が戦争で命を落としました。今日でも、国家による暴力の犠牲者（国家間の戦争だけではなく死刑もまたこれに該当します）は後を絶ちませんし、暴力団やテロリストといった非合法的な暴力集団が存在しています。

暴力が頻繁に行使された過去から暴力が表向きは禁じられた近代社会へ……この歴史は子どもたちの成長のなかでも繰り返されています。「個体発生は系統発生を繰り返す」というパターンです。赤ちゃんにも攻撃性はそれなりにみられます。怒鳴ったり、泣いたり、ぶったりします。それらには彼らなりの暴力という場合があるのでしょうが、彼らは力が弱いので、母親や周りの人は叱ったりなだめたりして受け止めて、暴力で応酬したりはしません。そういうふうに激しい攻撃性・暴力性が必ずしも禁止されず受け止めてもらえるのは人生のなかで貴重な体験なのでしょう。しかし、もう少し大きくなって、幼稚園に通うころになると、こうした暴力性は次第に許されなくなります。大声を出したりおもちゃを壊そうとしたり友だちをぶったりすると、幼稚園の先生や親などの周囲の大人たちは、「静かにしなさい！」「壊したらダメ！」「ぶってはダメ！」などと、暴力的になることを徹底的に禁じます（⇩4章）。わりと素直に暴力を振るわなくなる子もいますし、小学生になっても時に暴力を振るってしまう子もいます。大きくなればなるほど暴力をふるうことは問題視され、周りの大人たちは大騒ぎをします。思春期に入ると、性欲の高まりとともに暴力性が高まる傾向が、とくに男子にみられます。その昔、一九八〇年代ごろには「校内暴力」という現象が中学校を中心に広くみられ、大人たちはそうした暴力を根絶するためにずいぶん悩んだものです。大学生にもなると、ほとんどの人はめったなことでは暴力をふるわなくなりますが、逆にもしもふるって相手に深刻な怪我をさせたりしたら、刑事罰など社会的にかなり重い罰を受けることになります。泥酔すると攻撃的な言動が増えるのは、日ごろは攻撃性が抑圧されている証拠です。大人になっても、自分の暴力性をどうしても抑制できない人は、会社組織や家族において正当な一員として扱われなくなり、集団から追放されてしまうこともあります。

人の、なかでも思春期の人たちの、攻撃性・暴力性にたいしては、単に禁じるだけではなく、「**昇華**」を促すという対処法も講じられてきました。昇華とは、本来その実現を社会的に禁じられるはずの欲望を社会的に受け入れられるように変容させることです。

攻撃性・暴力性の昇華の代表的なかたちは、スポーツです。スポーツでは、殴る、蹴る、体当たりする、といった本来暴力的なはずの行為が、一定のルールのなかで許容されています。ボクシングや柔道のように相当に暴力的な部分を残している競技もあれば、テニスや卓球のようにボディー・コンタクトをなくした競技もありますが、いずれにしても身体的に激しい運動をして相手を打ち負かそうとしているのですから、内実としては相当な暴力性の発露があります。しかしそれは社会的に許されますし、大怪我などはしにくい仕組みになっているので、暴力的であっても多少は安心です。中高生という暴力性の高まる時代に、体育系の部活が盛んになるのは偶然ではないはずです。また、日本では野球の競技人口が多いのですが、野球部での指導は、競技だけではなく服装・髪型・マナーなど生活全体に及ぶ傾向が強く、そこにも生徒たちの生活全体における攻撃性を抑制・昇華しようとする意図がありそうです。荒っぽいお祭りなども、若い男たちの暴力性を昇華させる役割を担っているようにみえます。

もっと洗練されていますが、試験のために勉強をするということにも攻撃性・暴力性の昇華という側面があります。試験で高得点をとって合格する、というのも他者に打ち勝つという意義があるのでしょう。あるいは社内での出世や企業間の競争、政治における選挙や国会における討論なども、やはり人間の攻撃性を昇華し利用している制度的な仕組みという側面があると思われます。

そのように考えると、人間の攻撃性は多くの取り返しのつかない破壊をもたらすとともに、その昇華は人類の文明の発展の原動力にもなっている、といえそうです。

2 虐待

しかし、人間が本来的にもつ攻撃性は、こうした禁止や昇華の仕組みによっては必ずしもうまく解消されません。表向きは暴力がふるわれなくなったとしても、意地悪やいじめのような各種のハラスメント（嫌がらせ）が横行しているのが、現実です。そのなかには、犯罪に当たる深刻なものもあれば、違法すれすれのもの、あるいは法的には対応できない種類の攻撃的な嫌がらせなど、各種あります。私も、子どものころから、家庭や学校など、いろいろな集団に身をおいてきましたが、ほとんどいつも何らかのハラスメントの常習者を身近に見てきました。正当性を装って小さな権力をふりまわしながら嫌がらせをすることに屈折した喜びを見出している人が残念ながらいつもいるものです。逆にいえば、ハラスメント的なことがあまり起こらない集団とは、それだけで素晴らしいユートピアのような場所といえるでしょう。

なかでも恐ろしいのは家庭内での暴力であり、それは今日では日本でもＤＶ（ドメスティック・バイオレンス）とよばれます。ＤＶには、いろいろなパターンがあって、妻から夫への暴力、親子間の暴力（とくに老いた親への暴力が最近問題視されています）などもＤＶですが、やはり夫から妻への暴力が多いのが実情のようです。内閣府の調査（二〇一四年）によれば、女性の四人に一人ほどが夫から暴力を受けたことがあり、そのうちの一割が生命の危険を感じたことがあるといいます。また、日本では殺人事件の約半数が親族によるもので、なかでも夫による妻の殺害が多いようです。家族は、人の生活のもっとも重要な基盤であるとこの本でも強調してきましたが、同時に、深刻に危険な場所にもなりうることがわかります。

こうした家庭内での継続的な暴力は、被害者の身体のみならず精神にも重大な影響を及ぼすことがわかっています。今日ではＰＴＳＤという症状が広く認められていますが、これは心的外傷後ストレス障害の略です。苛烈な暴力や親しい人の突然の死など、心理的に受け入れがたいこと、つまり「**トラウマ**」的な事象に遭遇すると、人は精神的に適切な対応ができなくなり、異常な心身の状態に陥ります。感情が麻痺したりトラウマの経験がフラッシュバックして恐怖状態に陥ったり、人格の迫害的な部分が前面化したり、あるいは各種の身体的な異常反応が出たり、といったことです。なお、ＰＴＳＤは、日本では阪神・淡路大震災をきっかけにして広く知られるようになりました。地震による災害も、トラウマの原因になりうるのです。

ＤＶのなかでも親の子どもへの暴力は虐待とよばれ（虐待は、ＤＶの一種ですが、日本では法的には別の概念になっています）、ＰＴＳＤ的な症状をはじめ、子どもの心身の発達に極めて重大な影響を与えてしまいます。今日では虐待は日常用語になっていて、テレビなどでも子どもが親の虐待で死亡といった痛ましい事件がしばしば報道されます。しかし、虐待が一般に認知されるようになったのは、日本では、ようやく一九九〇年代のことで、それ以前は、家庭内での子どもへの暴力は、死亡など重大な結末をむかえないかぎり、「しつけ」や「けんか」といった家庭内のプライベートな問題にすぎないとして、社会的には問題とならず、社会的に救済されることもありませんでした。しかし、米国などでの反暴力の運動やベトナム帰還兵の心理的治療、あるいはPTSDの研究の進展の影響を受けるかたちで、日本でも家庭内の暴力が次第に問題化されるようになりました。二〇〇〇年代に入ると、児童虐待防止法・DV防止法などが相次いで制定・施行され、家庭内の暴力が家庭内で処理すべき問題にとどまることなく、行政による救済や処罰の対象となり、一般の人たちの認知も急速に進みました。以降、今日まで児童虐待の認知件数は毎年急速に増加していますが、それは虐待が実態として増えているというよりは、おそらく、周囲の人たちの認識や行政機関の取り組みが進んだ結果ではないかと思われます。ですから、虐待というものは長く隠されていて、近年になってようやく「発見」され、**社会的に「構築」されたもの**だ、ともいえます。

虐待は、今日ではおおよそ四種類に分類されます。身体的虐待、心理的虐待、ネグレクト、性的虐待の四つです。日本では統計上は身体的虐待が一番多かったのですが、それは、怪我を負うと虐待の事実がばれやすいということがあるからでしょう。心理的虐待は、暴言を日常的に浴びせる、あるいは夫婦間の暴力を見せてしまう、などといったもので、最近は最も報告が多くなっていますが、実際には虐待とそうでないものとの区別は難しいと思われます。ネグレクトは、親が養育を放棄することです。また、性的な虐待は日本ではあまり報告されていませんが、欧米社会では虐待といえばむしろこの性的な虐待が最初に連想されるようです。日本でも、認知されていないだけで、実態はもっと多い恐れもあります。

虐待という家庭内での暴力が深刻化しやすいのは、子どもたちは、物理的にも心理的にも親からの暴力に抵抗しがたいということがあります。子どもは、経済力がないので親から逃げることが難しいですし、親から愛されたいという**一次愛**（⇩4章）を強くもっていますから、その親から虐待されるという事実を受け入れることができず、**「否認」**してしまう、ということもあります。「否認」とは、厳然たる事実でありながら、それを受け入れず無意識化してしまう心理的な働きのことをいいます。虐待され、それを否認すると、健全な自尊感情が相当に低下してしまい、感情の活動全体が鈍麻する（つまり喜怒哀楽の感情が弱くなるのです）とともに、感情のコントロールも難しくなり、結果として生き生きとした日常生活や通常の社会的活動が難しくなってしまう、といわれています。簡単にいえば、虐待によって子どもの健全な精神的発達が深刻に阻害されるのです。

また、いわゆる虐待の範疇に入らなくても、親が子どもを適切に養育しない場合、精神的な様々な問題を引き起こすことがわかっています。一九八〇年代に米国で、アダルト・チルドレンという言葉が生まれ、日本でも九〇年代には広く知られました。アダルト・チルドレンという概念は、元来は米国におけるアルコール依存症の親のもとで成長して大人になった人たちの自称であったのですが、そこから一般化して、子ども時代の問題をひきずったまま大人になった人、という意味で用いられるようになり、略してACといいます。日本におけるAC研究の第一人者である斎藤学は、健やかな愛情と適切な世話を受けることのできない家庭環境、すなわち「機能不全家族」（家族が本来果たすべき機能を果たしていない家族）で育った人たちがAC的になりやすいと考えました。例えば、機能不全家族

——といってもその内実は多種多様ですが——においては、親の都合などのために子どもが特定の役割（ヒーロー役とか慰め役など）を強く押しつけられたりすることもあります。家族の機能が不全であるということは、必ずしも虐待そのものではありませんが、子どもの健全な発育を阻害するために問題なのです。AC的になってしまった人の特徴としては、行動が周囲の期待に縛られがちであるとともに、さびしがり屋で周囲を束縛しやすく、被害妄想的になりがちで、現実感が薄く、自分で自分をいじめやすい、ということがあるそうです。

DVや虐待をする加害者や、ACを生み出すようなふるまいをする親たちは、どんな人たちなのでしょうか。様々なパターンがあるのでしょうが、どうやら**基本的信頼感**（⇩4章）が弱いことがある程度の共通する傾向だといえそうです。夫の妻への暴力は、自分が妻に軽んじられた、侮辱されたという思いで行われることが多いようです。あるいは、例えば、子どもを小さいころから塾に通わせて「いい学校」に合格させようとしたりする（ヒーロー役を押しつける）のも、親の基本的信頼感の低さと関係があるようです。子どもが評価されないと自分まで不安になってしまうのです。そう考えると、基本的信頼感の弱さは、世代間連鎖する恐れがあるといえるでしょう。実際、AC的な人は自身が親になると子どもを虐待してしまう傾向があるといわれています（逆に、基本的信頼感の強さもまた、世代間で受け継がれていく傾向があるでしょう）。こうした悪循環を断つためにも、家庭内での暴力や不適切な養育環境は何らかの手段で改善されなければならないのです。

3　学校におけるいじめ

いじめとは、学校や職場のような閉鎖的な集団のなかで継続的に行われる嫌がらせのことです。それは、日本社会に特有の現象ではありませんが、日本社会において、とくに日本の学校（なかでも小中学校）において、かなり頻繁に起きる現象です（文科省の現行の「いじめ」の定義はさらに広義です）。まったくいじめを経験することなく、つまりいじめをしたこともされたこともなく、身近な傍観者になったこともなく、学校時代を終えることができた人は、日本にはまずいないでしょう。なかでもいじめをされてしまうことは、長く続く深刻な心理的な傷を生む恐れがあります。自尊心が蝕まれ、基本的信頼感が崩され、人間一般や社会にたいする不信感が強まり、ルサンチマンが深まります。

精神科医の中井久夫は、学校においていじめが深刻化するプロセスを、次のような三段階の図式で説明しています。まずは、「孤立化」の段階です。いじめを繰り返すいじめのリーダーは、今回のいじめの対象が誰であるかをみんなに周知させ、その子の味方にならないように仕向けながら、時間と場所を自由に使って、物理的・精神的にいじめます。次に「無力化」です。いじめられる側＝被害者は、いじめられる理不尽に耐えられず、反抗しようとします。しかし、少しでも反抗するサインを見せると、いじめる側＝加害者は、過剰な暴力を用いて徹底的に懲罰します。人間は暴力をふるわれると心がくじかれますから、それ以降は加害者に無条件に従うことになります。ただし、暴力をふるうことは、近代社会においては、先にいったように、どんな理由があっても許されませんから、大人にばれると大変です。とくに怪我をするとばれるリスクが高くなります。ここがいじめの山場であって、教師や親などが、こうしたＳＯＳのサインに気がついて、いじめにたいしてしっかりと介入し、いじめられている子の安全を確保することが必要です。しかし、大人でも必ずしも責任ある態度がとれるわけではありません。いじめをやむをえないものと正当化する大人も皆無ではありませんし、いじめはよくないと思っていても、人には「正常化バイアス」というものがあって、目の前の異常事態にたいして、たいしたことはないと見過ごしてしまい、結果として適切にそれと認識し迅速に対応できないことが多いのです。こうして周囲の大人がこの暴力的な無力化の段階を見過ごしてしまうと、最後に「透明化」の段階に至ります。これは、被害者もいじめられているわけではないんだと自らに思い込ませ、あたかも加害者のグループの一員であるかのようにふるまう段階です。実際には対等な関係ではなく、相変わらず「搾取」（金銭を巻き上げるなど）が行われているのですが、被害者にとって加害者はもはや唯一の人間関係であって、加害者のご機嫌をいつもうかがうような隷属的な関係が成立してしまうのです。こうなると、もはや周囲の人にはいじめが行われていることはみえなくなって、仲のよい集団にすらみえます。ですから、「透明化」なのです。ここまできてしまうと、卒業などによって物理的に引き離されないかぎり、いじめ関係は続きます。

なぜある種の子どもはいじめをするのでしょうか。生まれ育った家庭での問題や学校社会でのストレスなど、様々な要因があるのでしょうが、おそらくここでも排出型の同一化（⇩６章）のメカニズムが働いているものと思われます。小学生の喧嘩やいじめだと、「くさい」とか「アホ」とか「サルみたいだ」のような一見くだらない悪口がよく使われますが、これらが実は誰にもあてはまりうる属性であることを思えば、自分のなかにある未熟な部分や劣った部分を他人のなかに見出して嫌悪し排除しようとする心理的なメカニズムが働いているものと思われます。

いじめを終わらせるためには、大人がそれに気づき、被害者である子どもに、二度と孤立させないと約束し、それを実行し安全な環境を確保することが大事だ、と中井久夫は言っています。確かに、いじめを解決できないような危険な場所にわざわざ通う理由はないはずなのですが、日本人には今でも学校に毎日通わなければならないと思い込んでいる人が多いようです。それが、まさに**学校化社会**（⇩5章）ということであり、いじめは学校化社会の悪しき副産物なのです。

4　攻撃性の自覚

このように、暴力は国家・社会によって禁止されているにもかかわらず、現実には人は家庭や学校で暴力や攻撃の危険に多かれ少なかれさらされて生きていかなければなりません。

文科省のデータによれば、学校におけるいじめの認知件数のピークは中学一年生で、その後減少していきます。おそらく、加害者になってしまった人たちも何らかのかたちで自分のなかの攻撃性と折り合いをつけて、落ち着いていくのだろうと思います。しかし、青年や大人たちの世界に暴力がないのかといえば、そんなことはまったくありません。ごくまれとはいえ、物理的な暴力をふるって警察のお世話になってしまう大人もいますし、職場でのハラスメントやそれに準ずるような嫌がらせというものは、日常的といってよいほどあります。DVや虐待ももちろん大人によるものですし、DVとまでいかなくても、「嫁いびり」といった言葉があるように、家庭内での嫌がらせもごくありふれています。賢い攻撃者は、しばしば犯罪にならないすれすれのところで攻撃をしてくるものです。

また、最近の日本では、残念なことに、ネット上などでマイノリティにたいして差別的なことを書き込んだり、デモをしたりして、差別を煽る運動をする人が増えてきました。こうしたことももちろん、攻撃性の発現にほかなりません。彼らの多くは「愛国者」を自称し、**ナショナリズム**とも連動していますが、もともと、国家は暴力と結びつきやすい性質があります。なぜなら、先にみたように、近代社会においては、個々人が暴力の行使を禁じられているのとは対照的に、国家は正当な暴力を行使しうる唯一の主体になっています。そのため、暴力に魅せられた人たちは、しばしば国家にたいして幻想を抱きやすいのです。ここには、またしても**同一化**（⇩6章）のメカニズムが作動しています。自分では攻撃性を発揮できないルサンチマンを溜め込んだ弱者が、国家の力に心理的に同一化すれば、自分が力強くなったように錯覚できるというわけです。そのうえで、国家や国益の名の下に「敵」をつくり、他国や他民族、あるいは国内の弱者・マイノリティを攻撃しようと煽ったりするのです。こうした攻撃者たちの言動に接すると、人間が、その見かけの穏やかさとは異なって、いかに浅ましい攻撃性に満ちた生き物であるかを思い知らされます。

しかしながら、こうしたナショナリズム的な「ヘイト」に満ちた人々や政党にたいして、それを攻撃し排除しようとしてしまうと、それもまた攻撃性の発現になりかねません。誰のなかにも、抑圧された攻撃性があって、ちょっとした刺激で簡単に誘発されて、破壊的な対立を招く恐れがあるのです。

では、どうすればよいのでしょうか。さきほど、ＤＶや虐待における加害行動は「基本的信頼感」の弱さを一つの原因としているのであろう、という見方を示しました。自分は十分には愛されていない、十分にはこの世のなかに受け入れられていないと、意識的・無意識的に感じることが、他者への攻撃性へとつながっているのです。

攻撃的なナショナリズムも、こうした基本的信頼感の弱さとつながっていることを示す古典的な研究があります。テオドール・アドルノという社会学者らの『権威主義的パーソナリティ』（田中義久ほか訳、青木書店、一九八〇年）です。彼は、ユダヤ系ドイツ人として母国でファシズム（二〇世紀前半に現れた独裁的な政治体制の一種）が吹き荒れるのを体験して、「潜在的にファシスト的な個人」というのが、どの社会にも一定数いるとして、そうした人の人格を「権威主義的パーソナリティ」と命名しました。

このパーソナリティの人は、簡単にいえば、「力」への強い信奉があって権威あるものにはひれ伏しやすく、弱いものには攻撃的になるという態度をとります。そして、複雑な現実をしっかり理解し受け入れる知性に乏しく自分に都合のいいステレオタイプなストーリーに飛びつきやすく、男性であれば、自分が男であることを誇り、異性をもののように扱い差別的な態度をとり、総じていえば、反民主主義的で偏見にまみれやすく差別的である、といいます。アドルノは、さらに、こうしたパーソナリティの人の親子関係にも注目し、自分の親を理想化する傾向があるとともに、親への隠された憎悪がある、といいました。

アドルノの見立てが正しいとすれば、結局のところ、いじめもDVもナショナリズム的な攻撃も、すべて親からの適切な愛情と世話を受けられなかったために、この世界への「基本的信頼感」が十分に育たなかった結果だ、とみなすことができそうです。つまり、自己を十分に肯定できないから、自己を否定するかわりに、他者を攻撃し否定しようとするわけです。このようにみてくると、攻撃というものはかなり荒っぽい自己防衛の手段だということがわかります。

逆にいえば、過度に攻撃的にならないためには、第4章第2節で述べたように、幼児期に基本的信頼感がしっかりと育って分厚くなっていることが望ましいということになります。基本的な信頼感がしっかりしていれば、攻撃性はなくならないまでもそれを受け入れ自覚する余裕が生まれるでしょうし、自分自身でそれに適切に対処しやすくなるでしょう。また、身の回りの人もまた基本的信頼感の強い人であれば、互いに攻撃性を否認せず認めあい許しあうこともできるでしょう。

しかし、誰もがそのようなゆるぎない基本的信頼感をもっているわけではありません。自分自身のなかにも攻撃性が隠され常に育っていることを自覚しつつ、それが破壊的な発現をしないように気をつけなければならないのは、個々の人の成長における課題であるとともに、文明化された人類の、終わることのない宿命なのでしょう。

考えてみよう

- 人間以外の動物における攻撃性と人間の攻撃性との異同について調べてまとめてみましょう。
- 虐待されている子どもが、どのようなかたちで社会的に救済されているのか、あるいはされていないのか、今日の日本の実情について調べてまとめてみましょう。
- アダルト・チルドレンという概念について調べて、あなた自身がどの程度アダルト・チルドレン的か、考えてみましょう。
- あなた自身のいじめの経験をふりかえって、なぜいじめは起きるのか、どうすればいじめの被害を少なくできるのか、考えてみましょう。
- 日本の過去あるいは現代におけるナショナリズムについて調べて、その特徴について考えてみましょう。

■キーワード

昇華（sublimation）　元来は固体が気体になることであったが、フロイトは、次のような心理的過程のこととした。すなわち、人間が元々もっている欲望を、社会的な仕組みを利用しながら社会的・文化的に受け容れられるかたちに変容させることによって、その充足を図ること。スポーツは昇華をうながす典型的な制度である。

トラウマ（trauma）　驚いたとか悲しいとか腹が立つ、といった通常の感情的な反応ができないほどの衝撃的な現象によって引き起こされる精神的な傷のこと。これが原因で、ＰＴＳＤ（心的外傷後ストレス障害）と総称される様々な心身の不調が生じる。

社会的構築（social construction）　社会学における「社会的構築」とは、「現実」とされるものが人々のあいだの相互作用のなかでの解釈や意味づけによって、事後的につくりだされていくプロセスをいう。虐待やいじめも、昔から現実に存在していたというよりは、研究の進展やマスコミの報道などを媒介とした多様な相互作用のなかで次第につくりだされてきた新たな現実である、と社会的構築主義者は考える。すべてが社会的構築だとしては何も言っていないに等しいが、常に念頭におくべき視点である。

否認（denial）　厳然たる事実でありながらそれが自分にとってあまりに都合が悪い場合、その事実を他人から隠すだけではなく、自分自身で無意識下に抑圧し、意識的には忘れてしまう、あるいは問題視しないようにすること。

ナショナリズム（nationalism）「国民」という概念を媒介にして、自分を国家に同一化し、国家に特別な価値があるとみなす心情。人が自分の所属する集団や土地にたいして愛着をもつのは自然なことだが、ナショナリズムには、しばしば外国や国内の弱者への攻撃性と結びついてきた歴史がある。

■さらに学ぶための本

川田耕『隠された国家――近世演劇にみる心の歴史』世界思想社、二〇〇六年

日本における中世から近世への社会的転換期において、人々の精神がいかに自己抑制的でルサンチマン的なものへと変貌していったかを、演劇など文化的産物の分析を通じて、精神史的に跡づけたもの。

ジュディス・Ｌ・ハーマン（中井久夫訳）『心的外傷と回復〈増補版〉』みすず書房、一九九九年

心的外傷についての古典的研究。少し難解だが、児童虐待の章だけでも読むことを勧める。

中井久夫『いじめのある世界に生きる君たちへ――いじめられっ子だった精神科医の贈る言葉』中央公論新社、二〇一六年

戦時下の小学校で苛烈ないじめを受けた著者が、いじめが深刻化する仕組みを平易に解き明かしている。

内藤朝雄『いじめの構造――なぜ人が怪物になるのか』講談社現代新書、二〇〇九年

学校現場で頻発するいじめの内実と背景を多角的に考え抜き、その防止策を提起した本。

斎藤学『アダルト・チルドレンと家族――心のなかの子どもを癒す』学陽書房、一九九六年

日本におけるアダルト・チルドレン研究の先駆者による概説書で、生々しい記述に満ちている。

コラム　子どもの生命力

この章では、虐待やいじめなど、子どもたちの心身にひどい損傷が生じる現象に注目しました。とくに精神的な損傷は長く悪影響を及ぼす危険性があります。しかし同時に、子どもたちには回復し成長しようとする力強さがあることが、研究によっても明らかにされています。アリス・ミラーという心理学者は、親から虐待を受けた子であっても、一人でもその子を理解し愛してくれる大人がいるなら、ちゃんと成長することができる、と言っています。さらに、心的外傷の経験がかえって子どものより高いレベルの成長を促すことがありうる、という「心的外傷後成長」という概念も注目されています。また、マスコミの過剰な報道の影響で、いじめを苦に自殺する子どもが多い印象がありますが、実際には、小学生でいじめを苦にして自殺する人は日本では年間一人いるかいないかで、そもそもどんな理由であれ自殺する小学生は年間で一〇人程度という状況が長年続いています。ちなみに、日本の若年層の犯罪率は、世界的にみて最低水準を続けています。私たちは、マスコミやネット上の極端な事例についての大量の情報に惑わされずに、子どもたちの平凡ながらも逞しい健康さをもっと信じて大切にするべきなのでしょう。

第8章　性愛と社会

1　思春期のはじまり

子どもたちは、成長を重ねると、いつしか思春期とよばれる時期に入ります。思春期は、単純にいえば、生殖能力が生まれることではじまります。男の子なら精通し、女の子なら月経がはじまります。すぐに子どもをつくる能力が万全になるわけではありませんが、その力が急速に伸びるのが、思春期です。思春期に起こることは生殖能力の向上だけではありません。体がどんどん大きくなりますし、体毛がいろいろなところにはえはじめ、声変わりもします。体全体の成長のなかで、男の子なら男らしく、女の子なら女らしくなります。また、気持ちの面でも、異性の存在が特別な意味をもつようになるのが一般的です。心身ともに急激な変化が訪れるのです。

このような激動の思春期に突入する前の段階として、「前思春期」があると考える研究者もいます。小学校の高学年くらいをイメージするといいと思いますが、この前思春期には、子どもたちの知性はすでにかなり発達し、世の中のたいていのことはもうわかったような気になります。同時に、家族にたいして少し距離がうまれて、その代わりに「親友」ができるのが、この時期の特徴です。幼いころは、すぐに互いに仲良くなって、友だちは誰でもいいとまではいきませんが、まあまあ「取り替え可能」でした。しかし、前思春期になると、特別に親しい同性の友だちができて、その友だちのことをよく理解し思いやるようになります。家族以外の他人にたいして、ある種の愛情が芽生えるわけです。

思春期に入ると、親との関係はより疎遠になって、家族と一緒に仲良く過ごした幸福な時代（幸福ではない家庭もあることは前の章でさんざんみましたが）も終わっていきます。それほど大きな心身の変化がやってくるわけですが、こうした思春期のことは、みなさんもよく覚えていると思います。

もちろん、「性」にかかわることは、思春期以前にもすでに、それなりの興味の対象であるものの、実際に性的なことに遭遇することは、その段階ではまだ、不快であったり恐ろしいことであったりします。いろいろなかたちで大人たちの性的な世界を垣間見ることがあるでしょうが、例えば、一緒に生活しているわけですから、両親の性交の場面を目にしてしまうこともあるかもしれません。これは子どもにとってかなりショッキングな**トラウマ**（⇩7章）的な経験になることが多く、そのような、両親の性交の記憶を「原光景」といったりもします。そして、思春期に入ったばかりの子どもにとっても、性的なことは、魅惑的なものであると同時に、やはり不気味であったり恥ずかしいものであったりします。自分の性器のかたちが変わって性的な活動がはじまることは、しばしば嬉しさよりも当惑させられることです。客観的に考えれば何も恥ずかしいことではないのですが、にもかかわらずある種の恥を感じるのは本能的な部分も大きいのだと思われます。

　このように、思春期において性的に成熟していくことは、基本的には身体的・生理的現象です。ところが、ここでも、様々なかたちで、社会的な力の作用が生じます。それは、思春期以前よりもずっと複雑で微妙なものです。

　まず、どのような性的行動がどのような場面で社会的に許されるのか、許されないのか、という**規範**（⇩2章）が常に存在し作動しています。例えば、学校内でつきあっているカップルがいるとして、この二人が学校のなかで手をつないで歩くのは、法律上は何ら問題はないはずですが、中学校や高校だと何となく許されない感じがするでしょう。その何となく許されないという感覚が広く共有されているならば、それが規範なのです。しかし、性的な規範なるものの内実は、明文化されているわけではありませんし、時代や地域によってどんどん移り変わる、微妙なものです。服装やしゃべり方、異性へのアプローチの仕方なども、性的な規範の規制を受け、それに則って行われなければなりません。規範からはずれた行動をしても――そのことを社会学では「**逸脱**」といいます――、処罰されるわけではありませんが、「変な人」「気持ち悪い人」とネガティヴなレッテルを貼られたり、性的な興味の対象からはずれていったりするなど、何らかの社会的な「**制裁**」を受けることになります。ですから、性的な規範は微妙なものなのですが、従わないわけにはいかないものです。

　性的な行動は時にもっと端的に法的な規制も受けます。強制的な性交はもちろん重罪ですし、痴漢や盗撮、あるいは人前でわいせつな行為をすることなども犯罪になります。犯罪ではなくても、ある種の性的な行動は、組織で働く大人であれば、セクハラとして組織内で処罰を受けることもありえます。全体としては、相手の同意を得ない性的な行動は、当然のことですが、何らかの処罰の対象とされやすいのです。しかし、当事者間の合意があっても、法的に禁じられる性的行動もあって、組織的な売買春は犯罪ですし、一三歳未満の子どもとの性交も重罪です。

また、現代では、子どもたちは以前よりもいろいろなかたちで保護されていて、性的な興味の対象や誘惑からしっかりと守られる傾向がありますが、他方でインターネットの世界ではポルノ的な動画などの性的な情報に際限なくアクセスできるようになっています。人間の性的な活動はかなり多様ですし、そのなかにはかなり倒錯的なものもあります（どこまでが健全でどこからが倒錯なのかは難しい判断なのですが）。そうした情報や画像に多く接することの影響はよくわからないのですが、思春期前後の人が動画などで倒錯的なものを見たり、あるいは誰かに誘惑されて倒錯的なことを経験したりすることで、その人の性的なありようの健康な発達が歪められてしまう懸念もあります。

もう一つ、性的な行動についての重要な社会性があります。それは、性的な欲求の対象を選択するさいに、その時代の社会的な影響を受けやすい、ということです。どんな異性が好ましく思えるのか、ということにはもちろん普遍的な傾向や個人差も大いにあるのですが、同時にその時代の「流行」というものもあります。多くの中高生が、身近な異性に興味をもつとともに、アイドルや芸能人、あるいはスポーツ選手といったメディア上で活躍する異性に興味をもちます。歴史的にみると、江戸時代の日本人は、細くて短い目を美男美女の条件としていたようですが、今日ではむしろぱっちりとした目を美しいとみなします。これはおそらく欧米の美意識の影響でしょう。背が高く長い手足をもつことをよしとするのも欧米人を基準としたもので、実証は難しいのですが、日本社会が、欧米社会を真似て**近代化**（⇩1章）をはじめ第二次世界大戦で米国に敗北し占領されたことと無関係ではないはずです。つまり、国家レベルの力関係が、個々の人間の美意識や性的な嗜好にまで深い影響を与えているかもしれない、ということです。

2　自立の課題とモラトリアム

このように、思春期は、具体的な他者や漠然とした社会へと自分がいっそう開かれていきます。そしてそれは同時に、生まれ育った家族、すなわち**定位家族**（⇩3章）からの分離のはじまりを意味してもいます。

社会が発展していなかった昔にまでさかのぼれば、おそらく、この思春期に入ったあたりで、子どもたちは、実際に家を出る場合が多かったものと思われます。いわゆる第二次反抗期がちょうど思春期くらいにはじまるのも、性的なことは家族には隠さないといけないと漠然と感じるのも、家庭からでていくきっかけとしての意味があるのでしょう。民俗学によれば、日本の農村では、性的な成熟をむかえると、実家を離れて、若衆宿とか娘宿とよばれる同性からなる集団の仲間入りをして、そこで寝食をともにすることがあったそうです。そこを新しい拠点にして、気に入った異性のもとに通う、という婚姻形態もあって、それは第3章でふれた**母系制**における婚姻形態の名残なのかもしれません。このあたりの年齢で、パートナーをみつけて子どもをつくり新しい家族、すなわち**生殖家族**（⇩3章）を営んでいく、ということは、本来はごく自然なことだったのでしょう。

しかしながら、現代にあっては、思春期に入ってすぐに家を出て自立する人はごくまれです。未成年が出産することは法的に禁じられているわけではありませんが、ほとんど誰もそのような選択はしません。そのかわり、性交するなら避妊をし、妊娠したのなら人工妊娠中絶を選択する場合が多いのでしょう。結婚するのは、今日では平均しておよそ三〇歳です。ですから、思春期の開始からかぞえて、ずいぶん長いあいだ、性的には成熟しているのに、結婚もせず出産もしないのです。なぜ、結婚と出産を先延ばしするようになってきたのか、その理由はよくわかりません。一つには、より多くの人がより長く学校で勉強するようになったため、といえるかもしれませんが、学業と結婚・出産・子育ては、本来両立できないわけではありません。むしろ、仕事をしながらの出産・子育てよりも、物理的には容易かもしれません。にもかかわらず、現実には、多くの人は思春期以降もしばらくは元の家族のもとにとどまり、新しい家族をつくろうとはしません。この傾向は、とくに、日本をはじめ東アジア諸国では顕著なようで、近年では「**パラサイト・シングル**」といって、いわゆる結婚適齢期をすぎてもなお、親と同居している独身者が増えています。

身体的には成熟して大人になっているはずなのに、職業選択や結婚の決定を先延ばしにしている状態を、エリック・エリクソンという心理学者は「**モラトリアム**」と名づけました。モラトリアムは、本来経済学用語で、借金の支払い期限を先延ばしにすることを意味しますが、そこから転用して、職業や結婚など自分の**アイデンティティ**（⇩９章）にかかわる重大なことについて決定することを自らに猶予している状態を意味するようになったのです。男性が結婚することを「年貢の納め時」なんて言いますが、同じような転用です。昔だったら、生まれながらにして職業も決まっていて一〇代で結婚したりしていましたから、モラトリアムの時期はごく短かったわけですが、今では、二〇代が終わってもなお「夢」を追いかけたりして、モラトリアム的に生きることはごく普通のことになりました。人生の選択肢がずいぶん広がってきたともいえるので、基本的にはいいことなのでしょうが、同時に自分自身で決めないといけないことも増えてきたわけです。どうやって、どのタイミングで、生まれ育った家族から自立して、新しい家族をつくるかについての規範は、現代の日本ではかなりゆるくなって、個々の人、個々のカップルの判断や事情に委ねられることがより多くなっています。

３　性愛のむずかしさ

話が少し大人の時期に先走ってしまいましたので、思春期に戻します。思春期に人は性的な存在となって、他者や社会に大きく開かれていくのですが、そこには多くの困難がまっています。

それは何よりも、性的なパートナーをめぐる競争の熾烈さです。友人関係と違って、性的なパートナーは普通は一人だけですから、その分競争に勝てる可能性は低くなります。しかも、異性としての魅力というのは誰もが公平にもっているわけではなくて、かなり偏在しています。つまり、「モテる」人はごくわずかで、たいていの人は異性としてはあまり興味をもってもらえません。とくに、男性はそうで、ほんの一握りの男性が多くの女性に大いに好かれて、その他の大多数はなかなか異性に好いてもらえません。最近の遺伝子の研究によれば、少数の男性の遺伝子が大量に拡散していて、大部分の男性の遺伝子は残らなかったそうです。女性の場合は、男性ほど「モテる」人が偏っているわけではありませんが、男性は女性を見た目で、しかもその時々の流行にそくした見た目かどうかで、異性としての魅力を判断する傾向が強いので、「ぶさいく」の一言で価値下げが行われたりします。しかも、思春期以降に急激に男性たちの性愛の対象となるので、どちらかといえば男性の側のペースで性愛的な活動に巻き込まれることが多く、不本意な思いを抱く場合も少なくないようです。

人は性的に魅力を感じない異性にたいしては、ひどく冷たい態度をとる傾向があります。思春期以前には、男女にかかわらず仲の良かったクラスメートたちが、いつのまにか異性たちをその性的な魅力の程度で値踏みし、ごく一部の異性だけに興味をもってその他大多数の異性にはほとんど関心をもたなくなったりします。家族とも少し疎遠になって、親友だったはずの友だちには彼氏・彼女ができて、自分は孤独になってしまう、というのは思春期にはよく起こる現象です。思春期は、進学によって環境が変わることも多いですから、ますます孤独に陥りやすい時期でもあります。

ですから、簡単にいえば、思春期以降の性愛の世界は、かなり厳しい自由競争の世界なのです。それまで、家族のなかで特別扱いしてもらい、学校ではまあまあ公平に扱われていたはずの人たちが、性の世界に足を踏み入れるや、過酷な自由競争の世界に投げ込まれます。それは、共同体よりは資本主義的なシステムの世界に類似しています。そこでは、性的な存在として自分の価値を高める継続的な努力が必要ですし、同性たちと競争しながら、異性たちの価値を評価し、価値ある異性を獲得すべく社交性をもって粘り強く交渉に乗り出さなければなりません。互いの合意に至ればいいのですが、そうでなければ何もなしえず、何の補償もありません。端的に勝者と敗者に分かれるのです。性愛的な要素は、夫婦関係において最も大事な要素ですから、家族という共同体が生まれるさいには自由主義的資本主義にも似た過酷な自由競争がある、ということになります。私たちには、共同体や家族というものに、変わらない関係性や安心を求める傾向がありますが、新しい家族をつくるさいには、むしろ過酷で移ろいやすい性愛的な世界を生きなければならないのです。

昔から、映画や漫画、あるいは歌謡曲などがもっとも好んで取り上げてきたのが、初恋とその挫折です。このことは、多くの人にとってこの挫折が、人生における最初の自覚的な挫折であり、癒されがたい心理的傷であることを示しています。この挫折の経験から学んで、性愛の世界で生き残れるように努力するようになるのが普通の成長なのでしょうが、他方で挫折を繰り返すことが怖くて異性と関わることを諦める人も、近年の日本では多いように見受けられます。とくに、男性は自尊心が高く傷つきやすいので、おたく的な世界に退行したり（おたく的な世界は、性的なもので溢れかえっていて、彼らが性的な快楽や性愛的な幸福をいかに強く求めているかがよくわかります）、あるいは女性蔑視の態度をとったりします。女性に嫌われるのなら、先に嫌ってしまえという心理的トリックです。こうなると、その後の人生の多くの可能性を見逃してしまうことになります。社会学では、異性愛者だが女嫌いという男性の指向を「**ミソジニー**」といいます。私の観察するところ、世の中の大半の男性は多かれ少なかれミソジニー的で、「女好き」なのに女性にたいして敬意をもたない男性は残念ながらたくさんいます。反対に、男嫌いのことを「**ミサンドリー**」といいますが、ミサンドリー的な女性は、黙っているだけで、実はたいへん多いのかもしれないと私には想像されますが、どうでしょうか。

さて、性愛にはもう一つ別種の難しさがあります。ここまでは、思春期に入ると異性を好きになるのが当然という前提で話してきましたが、実際にはそうでない人も数多くいます。いわゆる性的少数者で、最近ではLGBTという言葉がよく使われます。女性同性愛者（lesbian）、男性同性愛者（gay）、両性愛者（bisexual）、トランスジェンダー（trans gender）の頭文字をとったものです。LGBTに分類される性的な指向をもった人は人口の十数パーセントに及ぶともいわれていますから、「少数」といいながら、かなりの割合です。また、いわゆるLGBTに収まらない種類の性的指向も多種多様に存在していますし、大人になっても性欲をほとんど自覚しない、という人もまれにいるようです。

思春期において、自分が性的な少数者であることを素直に認めることは非常に難しいことです。通常の異性愛的な指向の人でも、自分の身体的な変化や性的な欲求をもつようになることには、戸惑いや恥の感覚を抱くのですから、ましてそれが人とは異なるものだということになれば、そうした感覚はいっそう強くなり、孤立感も深まりやすいでしょう。自分は性的少数者ではなく、他の人たちと同じような異性愛者なのだと信じ込んだまま結婚までして、後で実は異性愛者ではなかったと自覚する、といったケースもあるようです。

欧米各国では、性的少数者の権利獲得のための運動にはすでに長い歴史的な蓄積がありますが、日本では今日でも、まだまだ性的少数者への社会的な寛容度は十分には上がっていません。現状では法的にも、婚姻は異性間でのみ可能で、同性のカップルは結婚することができません。ですから、同性愛者のカップルは、通常の夫婦が受けられるような配偶者控除などの行政上の優遇措置を受けることができませんし、遺産相続なども難しくなります。さらに、偏見ということでいえば、いっそうひどい状況です。今日ですら、テレビ番組では、同性愛者を公言しているタレントが登場すると、一人の人間というよりは、「おネエ」といった蔑称的なニュアンスのある言葉でレッテル貼りをされたうえで発言を許されているような雰囲気があります。学校でも、性的少数者は存在しないかのようで、当事者も自分がある種の性的少数者であることを「カムアウト」しにくい状況が一般的です。ばれたら、いじめられたりまともな一人の人間として扱ってもらえなくなったりするかもしれない、という恐れがあるのです。いわゆる異性愛者のなかにも、通常の異性愛的な指向とは異なる性的な指向を併存させている場合もよくあるようです。それをしっかりと自覚できていないと、例の排出型の同一化（⇩6章）の機制が働いて、性的少数者をさげすんだり排除したりといったことが起こってしまいます。

また「性的倒錯」などといわれるある種の性的な指向のなかには、その満足が法的に許されていない、あるいは法的な規制の対象ではなくても、社会的に徹底的に否定されているものもあります。小児に性的な欲求を抱く人がいますが、小児にたいして性的な行動をとれば、これは重大な犯罪となります。弱い立場にある子どもたちが大人の性欲の満足の手段とならないようにするのは、社会の公的な機関の重要な役割の一つですから、犯罪として処罰し犯罪を抑制するのは、当然必要なことではあります。近親相姦も、成人同士であれば犯罪ではありませんが、社会的には激しく忌避されます。極端な性的サディズムも犯罪と結びつく可能性があって、その欲求の満足は得られにくいでしょう。こうした人たちにとって、社会とは、自分の性的な指向を否定し拒絶するものです。性が人間の大事な本質の一つなのだとしたら、「倒錯的」などとされてしまう人たちにとって、この社会のなかで生きていくとは、どんなことであるのか、想像を絶します。しかし、小説や映画のなかには、そうした人の人生を描いているものもあります。例えば、香港で一九九〇年代前後に活躍した關錦鵬（スタンリー・クワン）という映画監督は、近親相姦的な傾向をもつ男性同性愛者たちが、社会の徹底的な無理解のなかで、ほんのわずかの親しい人とともにその人生を密かに生き抜こうとする姿を描いています。彼らにとって社会とは、家族すらも含め、自分たちを守ってくれないし、そもそも自分たちが存在することすら認めようともしない、奇妙な時空にすぎないようです。

思春期に入ると、こうした様々な指向をもちうる自分自身の性と向き合わざるをえませんし、親しい人たちの性的な部分とも関わっていくことになります。そして、それは社会的な規範との微妙な関係のなかで行われ、時には個々の人の意思ではコントロールできないほどの大きな困難に遭遇することもあります。それでも、自他の性的な部分との関わり方は、それを否定したり逃げたりすることなく、自分である程度決めていかなければなりません。そして、それは成長にとって必要不可欠なステップなのだと思われます。

4　恋愛と結婚の歴史

さて、ここで恋愛と結婚の歴史をふりかえっておきましょう。歴史はいつも現代を生きる私たちに何らかの複眼的な洞察をもたらしてくれるものです。

日本や中国の昔の物語や詩を読むと、お互いに好きあったカップルがいつまでも一緒にいたいと願うことは、あまり変化のない普遍的な願望であったようです。例えば、毎年七月七日に織姫と彦星が天の川を渡って逢瀬をいつまでも繰り返すという七夕の話は、東アジアで二千年以上語り継がれてきました。しかし、そうした異性愛的な願望は、必ずしも社会の建前として認められていたわけではなく、中世や近世とよばれる歴史的段階にあっては、とくに上流階層では、父系制的家族形態のもと、恋愛は一時的な気の迷いのようなものと軽視されて、結婚とはあまり結びついていませんでした。好きな人と結婚するのではなく、むしろ二つの家族の都合のなかで婚姻が取り決められるということが多かったようです。極端な場合には、結婚式の当日にはじめて相手の顔を見た、ということもありました。こうした父系制的な家族における結婚は、女性からみて、たいていは「ハイパガミー」的なものでした。ハイパガミーとは、妻より夫のほうが社会的に上層にあって、結婚によって妻が社会的な上昇を果たす、ということです。人生の選択肢が限られていた時代にあって、女性にとって結婚はほとんど唯一の人生の道でした。つまり強制だったのです。そうすると、結婚というのは、女性にとって人身売買とどう違うのか、よくわからなくなってきます。ともかくも、長いあいだ、恋愛と結婚は必ずしも結びついていなかったのです。

欧州では、恋愛は中世に発見された、というのが定説です。独身の騎士が既婚の婦人にたいして抱く忠誠心が恋愛の出発点だというのです。それが通説になるほど、欧州の上流階級では結婚生活から恋愛が締め出されていったのであって、実際には恋愛は発見されたというよりは、再発見されたのでしょう。恋愛は、その後次第に社会全体で理想化されていき、近代の欧州社会では恋愛をベースにした結婚が望ましいとされ、現代では、性愛的なパートナーと生きることが人生の最も重要な価値とすら認められるようになりました。日本を含めた東アジアでも、先に述べたように恋愛関係をもった人とずっと一緒にいたいという願望は遠い昔からみられましたが、社会的に広く受け入れられるようになったのはようやく、近代化にともなう欧米の思想・文化の影響を受け始めてからです。

もっとも、今日では、恋愛が結婚に結びつくという発想はやや説得力を失ってきたようにみえます。というのは、恋愛とは、男女の出会いの機会が限られていた（しかし絶無ではなかった）近代社会において特殊に高い価値をもったのであって、現代では、恋愛というよりは、単に嫌でないからつきあってみるか、という程度の男女関係も増えてきたようです。結婚も、排他的な男女の永遠の結びつきというよりは、嫌いではない程度の男女が経済的な都合などで行う一種の契約になっている、とまでいっては少し極端でしょうが、そうした傾向がみられなくはありません。だからこそ、離婚も状況によっては合理的な選択でありうるのであって、実際、離婚率はじわじわと上昇を続けていました（ここ十年ほどはやや低下しています）。考えてみれば、取り替え不可能な関係とは、むしろ親子関係にふさわしいもので、一種の幻想にすぎないのかもしれません。性愛的な関係のかたちは、なお流動的で時代とともに変わっていくことでしょう。

性的指向の多様さ、異性獲得をめぐる熾烈な競争、恋愛と結婚との微妙な関係……思春期以降、人はそうした性をめぐる様々な困難に遭遇し、それを何とか克服していかなくてはならないことになります。結婚は、そうした性的な問題の一つの帰着点です。人類は、母系制の時代から何らかのかたちで婚姻関係を結んできましたが、今日では、結婚する平均年齢が上がり、生涯結婚しない人の割合も未婚率も上がっています。しかし、それでも多くの人は結婚を望んでいます。

結婚をしたがるというのは、ある意味で不思議なことです。なぜなら、結婚することによって、人はいくらかの権利とともに多くの法的・慣習的な義務を背負い込むからです。そのなかには、「不貞行為」をしない、ということも含まれます。配偶者以外の人と性的な関係をもつことは、現在の日本の法律では犯罪にはなりませんが、配偶者にたいして慰謝料を支払ったり離婚が成立する要因となったりします。そもそも、歴史的には一夫多妻制など多様な婚姻関係が存在しましたが、今日の法律では一夫一婦の夫婦関係のみが許容されています。また、今日では結婚は法的には男女平等ですが、社会通念上は、家庭のために金銭を稼ぐ義務は夫が負い、家事や育児の義務は妻が背負うことが今でも多いのはいうまでもないでしょう。また、ご存じのように、結婚すれば、夫婦のいずれかが自分の姓を放棄し相手の姓を名乗ることになります。名前というのは本人にとってとても大事なものですし、周囲の人たちにとっては共有の財産でもあります。それを強制的に変更させるとは、ずいぶん乱暴な話で、夫婦別姓の制度を導入するように主張する声もだいぶ大きくなってきています。

実際、今日では、こうした法的・社会的な拘束を嫌って、「事実婚」を選ぶカップルも増えています。事実婚とは、婚姻届を出すことなく、事実上の夫婦関係を続ける婚姻形態です。日本の行政は、こうした事実婚にたいして柔軟に対応していて、行政上の優遇措置などの点で事実婚だからといって一般の婚姻関係よりも不利になることはほとんどありません。しかも、同じ姓を名乗るという義務を背負う必要もないのです。

にもかかわらず、それでも多くの人が法的に結婚をしたがる理由は、結婚は、性的な弱者になりやすい男性と社会的・経済的な弱者になりやすい女性との相互の共犯的な産物だからなのかもしれません。いずれにせよ、男女の性的な関係という最もプライベートなものにすら、積極的に法的保障と社会的承認を求めることにも、私たち人間という存在の深い社会性をみてとることができるでしょう。

考えてみよう

- あなた自身の思春期の経験を思い出して、この章に書かれていることとの異同を確かめてみよう。
- 性的少数者としてどのようなタイプの人たちがいて、どのような社会的な困難を抱えているのか、調べてみよう。

- パラサイト・シングルが日本で増えてきた理由について調べて考えてみよう。
- あなたの周囲でミソジニー的な言動がないかどうか思い返して、なぜそのような言動が生じるのか、考えてみよう。
- 事実婚を選ぶ人たちの実情や価値観について調べて考えてみよう。

■キーワード

逸脱と制裁（deviation, sanction）　逸脱とは規範から外れた行為をすることであるが、社会学では、何をもって逸脱とみなすのか、その認識の社会的恣意性を問う傾向がある。逸脱をすると、たいていは、社会集団から何らかの制裁が科せられる。にもかかわらず、逸脱行為はどの集団にも必ず起きる。

パラサイト・シングル（parasite single）　学校を卒業した後も、親と同居して親の経済力や家事労働に依存している独身者のこと。家族社会学者の山田昌弘による和製英語的な造語で、かつての居候とよばれた立場と重なる。日本をはじめ今日の東アジアで広くみられるライフスタイル。「ひきこもり」はその極端なケースといえるかもしれない。

モラトリアム（moratorium）　身体的には成熟しながらも、社会的な義務を背負うことを先延ばしし、職業や結婚にかかわる自分のアイデンティティ（⇩9章）をかたちづくるべく、試行錯誤を続けている状態のこと。モラトリアムの期間は近代化・現代化の進展とともに長くなる傾向がみられる。

ミソジニー（misogyny）　性的な指向としては異性愛者であるにもかかわらず、ある種の女性蔑視をする男性たちの態度をいう。ミソジニストたちは、同性愛者ではないがしばしば男同士で連帯をして、女性を蔑視・排除するが、そのような集団は今日の日本でもいたるところに存在し、システムの根幹をなしている。こうした蔑視の背後には、男性たちの、女性への隠された激しい羨望があると思われる。

ミサンドリー（misandry）　男性や男らしさを嫌うこと。近代社会では、男らしい粗野でがさつな行動は嫌がられる傾向があり、かわりに、細かい心遣いや繊細な感受性、あるいは可愛らしさが評価される。身体的にもヒゲやハゲといった男らしい特徴はあまり好まれなくなった。そのため、近代化＝文明化とはミサンドリーの深化をともなうものだといえるのかもしれない。

■さらに学ぶための本

橋本治『ぼくらのＳＥＸ』集英社文庫、一九九五年

日本を代表する思想家の一人である橋本治が、性的なことにどう向き合うべきかを、若い人たちのために懇切丁寧に説いた本。

ドニ・ド・ルージュモン（鈴木健郎ほか訳）『愛について――エロスとアガペ』（上・下）平凡社ライブラリー、一九九三年

西洋世界における「恋愛の発見」を描いた古典。愛情のかたちが時代や社会によって大きく異なることがわかるだろう。

イブ・K・セジウィック（上原早苗ほか訳）『男同士の絆――イギリス文学とホモソーシャルな欲望』名古屋大学出版会、二〇〇一年

男たちが互いに性的にではなく社会的に結びつきながら、女たちを分断し支配している仕組みを、イギリスの文学作品の分析によって示した本。

川田耕『愛の映画――香港からの贈りもの』大隅書店、二〇一一年

五人の香港の映画監督の作品を取り上げて、監督の個人史や社会的状況と重ね合わせて分析した本。彼／彼女らの映像表現には、同性愛や性的な倒錯、あるいは性暴力の問題が深く絡んでいることが示されている。

宮台真司『14歳からの社会学――これからの社会を生きる君に』ちくま文庫、二〇一三年

現代日本の若い世代の性的行動を多角的に調査・考察してきた著者による社会学の入門書。「恋愛と性」についての章もある。

第9章　働くことと生きること

1　働くことの意義とむずかしさ

人は、成長すると、たいていは働きだします。この章では、システム化された社会のなかで働くことの意義と難しさを、とくに生活とのバランスという観点からみていきます。

働く、ということは、太古の昔から続いてきた、人類の普遍的な営みです。寝転がっているだけでは食べ物は手に入りませんから、立ち上がって何とか食べる物を得るべくたいへん努力を続けていたはずです。それが働くということです。働かなければ、あるいは働いても食べ物が手に入らなければ、その人は、あるいはその集団は、死滅するほかなかったでしょう。

しかし、近代社会では、働くということの内実がずいぶん変化してきました。働いて直接食べ物を獲得するという種類の労働ではなく、むしろ働いた対価に賃金をもらうという種類の労働、すなわち賃労働が、近代化の進展とともに多くなってきました。今日では、働くといえば、多くの人は、この賃労働をイメージするはずです。子どもたちは、いつか学校に通うのをやめて、賃労働をしはじめます。日本の大学生なら、大部分の人は卒業した翌月に働きだします。人類の長い歴史のなかで、働くということがもっぱら賃労働を意味するようになったのは、たかだかここ百年程度のことです。

浅い歴史しかないのですが、しかし、今日の高度に発達した近代的な**システム**（⇩1章）のなかでは金銭なしで生きていくことは極めて困難です。システムがますます発達するにつれて、社会は隅々まで経済化され、あらゆることは金銭を媒介にして動いていきます。水も食料も電気もスマホも、すべて金銭を支払い続けなければ享受できません。この観点からみても、私たちは、かつてなく自立性を失って絶対的にシステムに依存していることがわかります。今日の私たちにとって金銭は血液のようなもので、それがなくなればシステムとつながることができなくなって、かなり速やかに生存の危機が訪れます。それゆえ、私たちは、金銭を得るために、働き続けなければならないのです。

とはいえ、人がいわゆる賃労働をするのは、金銭のためばかりではありません。経済的利益以外に多くの理由があって、人は働きたいと思うものです。一つには、労働には、それ自体に喜びがあるからです。その喜びの中身は労働の種類や当人の気持ちによるのですが、例えば、レストランのコックさんは、お客さんが自分のつくった料理をおいしそうに食べるのを見て、うれしくなったり誇りに思ったりすることでしょう。ほかにも、賃労働にはいろいろなメリットがあります。働くことによって、「社会」とつながっている感覚をもったり、職業や就職先によっては社会的な信用や威信を手に入れたりもできるでしょう。喜びや威信のある職業が自分の**アイデンティティ**になったり、生きがいになったりすることも、もちろんあるでしょう。あるいは、働くことを通じて知識や技能を獲得したり、働くことで多くの人と知り合い、友だちになったり恋人ができたりすることもあるでしょう。

一方で、働くことのデメリットもいろいろあります。まず、何といっても労働には時間が必要です。日本では、「九時五時」という言い方がありますが、フルタイム・ワーカーであれば、平日の日が昇っている大部分の時間が労働に費やされるのです。日本の労働者の労働時間は、これでも減少してきましたが、欧米と比べるとまだかなり長いほうです。日本の労働基準法では一日八時間・週四〇時間以内と定められていますが、残業が長時間に及ぶこともあるのが実情です。また、労働によって体力・気力も消耗します。過重な労働のために健康を損ねることもありますし、日本では残念ながら過労死が多いことが世界的に知られています。労働現場で事故にあう人もいます。

また、先ほど労働には喜びがあると言いましたが、分業が進んだ現代にあっては、自然な喜びや達成感を感じられないことが多くなっています。例えば、野生の動物を狩ることには、それを趣味にする人がいるくらいですから、かなりの充足感があるのでしょうが、飼っている豚を毎日のように屠畜場で殺すことは大変なことだろうと想像されます。また、職場には、偉そうな上司や失礼な部下がいたり、ハラスメントの類があったりして、何かとストレスがたまりやすいでしょうし、男女差別や雇用形態による待遇の格差など、様々な不平等・理不尽を甘受せざるをえないかもしれません。さらに、資本主義社会では、ともすると消費者が横柄になりやすく、働く者はいつもぺこぺこしないといけない、ということもあります。

こうした働くことのデメリットは、理論的には、その大部分はかなり抑制できるはずですし、実際かなりの程度抑制されてきました。労働時間には法的な制限がありますし、労働者の健康や安全が守るための配慮も多かれ少なかれなされているはずです。とはいえ、それはまだまだ十分ではありませんし、今後改善される保証もありません。労働者の声は、労働運動が盛んであった戦後の一時期に比べて、経営者や政府に届きにくくなっているようにもみえます。

2　サラリーマン労働

ここで、日本における労働の歴史を簡単にふりかえっておきましょう。

歴史学者によれば、日本では、江戸時代の中期くらいから、熱心に労働することに特別な価値を見出すようになりました。勤勉に働き、倹約し、親孝行を尽くす、それが人としてあるべき道なんだという、いわゆる「通俗道徳」的な思想・生活習慣が一般の人たちのあいだに広がっていったのです。勤勉に働き倹約して生活するべきなのは、当たり前ではないかと思うかもしれませんが、歴史的・世界的にみて、勤勉や倹約は貧しい人がやらざるをえないことであって美徳とはされない場合が多かったようです。明治時代以降には、この通俗道徳に、忠君愛国といった**ナショナリズム**（⇩７章）が結びついて一種の国民道徳にまで高まっていきます。第二次世界大戦での敗戦で、ナショナリズムの部分はかなり放棄されますが、勤勉や倹約、あるいは会社への忠誠などを重んじる姿勢は、戦後も続き、サラリーマンが長時間労働をするのは当然といった風潮が続きました。そのことも一つの背景となって、戦後の日本社会は高度な経済成長を続け、一九八〇年代には米国に次ぐ世界第二位の経済大国にまでなりました。

そうしたなか、日本の経済力の強さの秘密を探ろうと、日本の会社組織のありようも注目されて、「日本型組織」などとよばれました。その特徴とは次のようなもので、それらは今日でもある程度継続しています。雇用形態がかなり安定していること（簡単には解雇されない）、年功序列的であること、学歴主義が強く（高卒か、大卒か、大卒ならどの大学を出ているかを重んじる）、専門性を重んじないこと、男性中心的で女性は補助的な位置づけであること、労使関係が柔軟かつ協調的で、しばしばボトムアップ型の意思決定がなされること、公私の区別があいまいで、労働時間が長くなる傾向が強いこと……などです。日本型組織ももちろん、本来は法律と金銭を原理とするシステムそのもののはずなのですが、同時に、擬似的ではあるものの、共同体的・家族的でもあることがわかります。一度所属したらずっとそこにい続けるのが理想とされ、命令系統がはっきりしないのをよしとし、長時間一緒にいても平気……といったことはむしろ家族の特徴です。そのように考えると、日本人は、**近代化**（⇩1章）・システム化という歴史的な大変動にたいして、家族的なやり方をシステムに拡張・応用することによって対応しようとしたのだ、といえるでしょう。

もっとも、こうした家族的な組織運営の仕方は、ある程度くずれてきました。日本経済が右肩上がりに成長を続けているうちはよかったのですが、一九九〇年代以降、中国をはじめ世界中の国々との競合関係が厳しくなり、日本の技術的・経済的優位性が次第に失われるなかで、国の政策変更などもあって、労働者の地位は以前ほど安定しないようになりました。正規雇用者の比率が次第に低下し、代わって様々な形態の非正規雇用者が増えます。アルバイト、契約社員、派遣社員などです。そうなると、一つの会社のなかに、二つのグループができて、格差が広がっていきます。一方には、重い責任を負い高い給与をもらい雇用も安定している「中核的労働者」がおり、他方には、単純な労働を担い低い給与しかもらえないうえに不安定な雇用状態にある「周辺的労働者」がいます。周辺的労働者のほうが柔軟に働けますから、望んでこうした就業形態を選ぶ人もいますが、多くは中核的労働者になることを望んでも就活で失敗したり子育て後の再就職であったりして、やむをえず周辺的労働者になります。そうなると、中核的労働者と周辺的労働者とのあいだで、多重の格差が生まれ、職場における共同体的な一体感は失われがちで、社会全体も分断されかねない、というリスクが高まっていきます。

労働者間の格差の拡大は、日本だけの現象ではありません。「**マクドナルド化**」という社会学の用語があるのですが、これは米国のマクドナルド的な経営形態が全世界に広がっていくことを意味しています。マクドナルド的な経営とは、経営の中心部で、商品の生産・管理とサービスの向上のノウハウを合理的に考え抜いたうえで、マニュアルをつくって国中（あるいは世界中）の支店でそれを一律に実施させる、という中央集権的なやり方のことです。ボトムアップではなくトップダウン、労働者の都合ではなく消費者のニーズを重んじるのです。マクドナルド自体は今日ではさほど成長を続けていませんが、各種のファストフード店、コンビニエンスストア、コーヒーショップ、衣料量販店など、今では世界中の地域で、マクドナルド化は進展しています。地域の家族経営的な自営業の店舗がいつのまにか店じまいしてかつての中心街がシャッター街となる一方で、郊外にできたモールにだけは人が集まっているという風景は、今日では日本の地方にいけばどこにでもみられます。モールとは、マクドナルド化された組織の末端店舗の集合体にほかなりません。

こうなってくると、働くということの意義が実感されにくくなることが懸念されます。マクドナルド化された店舗では、パートで働く同僚たちの入れ替わりも激しく、お客さんもどんどん入れ替わっていきます。そうなると、人とのつながりが薄くなり、アイデンティティの安定的な形成も難しくなります。ロバート・ライシュという経済学者は、現代の資本主義の特徴を、民主主義を空洞化させ、消費者と株主に甘く労働者に厳しいこととしていますが、これは、株主についてはともかく、日本社会にもあてはまる傾向だと思われます。かつて経済学者・思想家のカール・マルクスは、人間が創り出したはずのものに人間が支配されてしまうことを「**疎外**」と表現しましたが、マクドナルド的経営においては、末端の労働者は相当深刻に疎外されてしまうリスクが高いように思われます。

労働者間の格差が広がっていくなかで、だからこそ、「勝ち組」を目指して、よい学歴を手に入れ安定した公務員や大企業を目指す人は今日でも少なくありません。もし「勝ち組」になれば、高給をもらい、年金も充実したものになるかもしれません。本人（とくに男性）は家事や育児にさほど参加しないことになるかもしれませんが、家族も守られた環境で暮らすことができるでしょう。ですから、多くの人がなお、よい学歴を得て優良企業に就職して一生そこのお世話になるという人生設計をよしとするのはわからなくはありません。ただ、そのような厚遇を得られる人は年々少なくなっています。

3　資本主義化された社会のからくり

資本主義とは、それが発生した当初から労働者には厳しいもので、うっかりすると労働者を、さらにいえば各種の共同体を食い潰してしまうような貪欲さをもっていました。資本主義は、経済的な自由競争のなかで勝ち負けをはっきりさせるシステムです。このシステムのなかで生き残ろうとすれば、どの社会集団も目先の利益を上げ続けなければならず、そのためにできるだけ労働者を安く使おうとするのはごく自然なことです。資本主義的なシステムの貪欲さが家族の基本的なかたちまで変えてしまったことをめぐる歴史的現象については、第3章第4節の**近代家族**の誕生のところでお話ししましたね。簡単にいえば、資本主義的なシステムが若い人を際限なく働かせることで個人の生存も家族の存立も危うくなり、さらには社会全体の継続も難しくなる恐れが出てきたので、国家が一定のルールを定めて、資本主義的なシステムの発展と個々の共同体・家族の存立が両立するように促したのです。具体的には、資本主義的な自由競争の原理を尊重しつつも、国家は、労働時間の制限や給与の保証、雇用の安定化などを図って、一定の制限をかけてきたのです。

もっとも、この資本主義的なシステムと近代家族との両立というやり方も、必ずしもうまくいくわけではありません。なぜなら、このやり方でも、結局は資本主義的なシステムが家族・共同体を喰い潰していくという部分があるからです。近代家族型の家族は、外での賃労働は男性、家事・育児など家での仕事はすべて女性、という分業体制なのですが（⇩3章）、これだと女性の仕事が物理的にも精神的にも厳しくなってきます。家族の構成員が減少すればするほど、家事・育児の負担が女性に集中していきます。さらに、女性の学歴が徐々に高くなるなかで、金にもならず社会的に評価もされない専業主婦をよしとしない人も増え、外で賃労働をしながら家事もする、という女性も増えてきます。そうなると、男性も家事を分担するのが自然なことのようですが、諸外国と比べて日本の男性は、妻が外で仕事をしようがしまいが、家事をしない傾向が強いのです（なぜ日本の男性は家事をしないのか……については第4章）。したがって、女性は、外でも内でも猛烈に働き続ける「主婦労働者」になってしまいます。となると、子どもを三人も四人も育てるわけにもいかず、それで少子化が進む、というわけです。

このようにみてくると、資本主義的な社会の重要な「からくり」がみえてきます。資本主義的な社会は、社会を賃金の発生する労働の世界と賃金の発生しない労働とに分断しているのです。そして、前者は実は後者のうえに成り立っているのであって、この後者のことを、社会学者のイリイチは「**シャドウ・ワーク**」と名づけました。つまり、社会の存立のためには必要不可欠だが、賃金が直接には支払われない仕事がシャドウ・ワーク、つまり影の労働、なのです。影の労働は、いわゆる家事や育児だけではありません。通勤も、日本の都市部ではとくに長くなる傾向が強いのですが、これにも必要経費以外には何も支払われません。また、日本の企業は今でもかなり平然と社員に転勤を命じますが、これは本人にもその家族にもたいへんな犠牲を強いるものです。引っ越し代や僅かばかりの手当は出るのでしょうが、故郷を離れ友だちと別れることのダメージに家族は無償で耐えてきたのです。また、勉強をする、ということも影の労働であるとイリイチは言っています。国民みんながせっせと勉強して教育水準が高いことは、就職してからの賃労働の基礎を支えているし、市民・国民全体の質の向上に直結します。

こう考えると、資本主義的なシステムは、壮大なかたちで共同体・家族を喰い潰している、といえることがわかります。一人の人が生まれて育って働けるようになるまで、本人や家族や学校関係者などの、膨大な営みの積み重ねがあるのです。生まれて、食べて、遊んで、学んで、病気になったり、怪我をしたり、悩んだり……その積み重ねの末にりっぱな若者になった人を、民間企業や役所は、「ただ」で雇用するのです。もちろん給料は払います。でも、それは就職してからの労働への対価であって、そこまで育ってきた諸々の膨大な影の労働にたいしては一銭も払わないのです。子どもを一人育てるのに、三〇〇〇万円くらい必要だという試算もありますが、これは食費や教育費といった実際に支払うお金です。それに加えて、毎日ご飯をつくってあげたり、洗濯をしたり、といった家族のシャドウ・ワークがあるのです。それらすべてにたいして、企業は支払うことなく「ただ乗り」しているのです。

実はかつては必ずしもただ乗りはしていませんでした。江戸時代には農家の子どもが商家に奉公に出る時には、子どもの親に何がしかのお金が支払われるのが通例でした。大切な子どもを預かって働いてもらうお礼です。スポーツの世界でも、選手を獲得するさいには、その選手を育てた組織にお金が支払われることがあります。そうすることで、選手を育てていくモチベーションが組織に生まれ、結果としてよい選手がたくさん育ってその業界全体が活性化されるわけです。

しかし、こうしたことは現代ではごく例外的で、企業はいつも人材にただ乗りをします。なぜこのようなただ乗りが許されているのでしょうか。建前的には、もしも企業が採用時に何がしかのお金を親に支払ったりすれば、それは一種の人身売買になってしまうからです。採用は、企業と本人の一対一の自由な契約であって、第三者は関与しません。そうすることで、本人の意思と権利が守られるのです。ですから、企業が育ててくれた人にお金を払わないことには法的・道義的な裏づけがあるわけですが、実態として、企業が、ひいては資本主義的なシステム全体が、人を生み育てるという人々の営為のうえに「ただ乗り」している構造にかわりはありません。

システムによるただ乗りを是正する方法の一つは、国家による家族の支援です。企業や一般の人から税金を取って、それを家族への支援に回していくということです。実際、医療・教育・介護への補助に大きなお金が流れています。しかし、民間企業は、自由な経済活動を阻害するからと企業への課税に組織的に反対し、献金などの手段で、政治家たちや官僚たちにたいして、法人税を下げさせたり節税できるような仕組みをつくらせたりと働きかけてきました。現に優良大企業でもほとんど法人税を払っていないことがあります。それにたいして、家族を営む側はほとんど組織的な働きかけをしてきませんでした。むしろ、多くの家族は、その成員の誰かが企業に勤め給料をもらうというかたちで資本主義的なシステムにぶらさがる、という戦略をとってきました。短期的にはそのほうが得なのでしょうが、長期的にはシステムはますます強大化し、家族・共同体はますます弱体化してしまう恐れがあります。だからこそ、マルクスは「万国の労働者よ、団結せよ」と労働者の組織化を呼びかけたのです。しかし、資本主義的なシステムは、こうした労働者の団結をいつも嫌い、それを無力化しようと組織的な努力を続けてきました。そのかいあって、今日の日本では労働運動やそれを基盤とする政党は非常に弱くなり、労働者は相互のつながりを相当に失ってしまいました。

資本主義的なシステムは、働く者のメンタリティをも変化させる、という別の問題もあります。長時間にわたり行動の自由を奪われると精神的な変調をきたしやすいことは広く知られていますが、日本の企業では長時間労働が一般的でした（です）し、積極的に「愛社精神」を叩き込もうとすることも広く行われてきました。多くの企業では新入社員にたいして、数ヶ月とか半年といった長時間の研修を行います。そこでやっていることは企業によっていろいろでしょうが、場合によっては、帰宅をゆるさず泊まり込みで研修をさせることもあるそうです。そうなると、いわゆる洗脳的なことをするのも可能で、実際、悪質ともいえる事例があるようです。そこまでいかなくても、長時間労働をしていると、どうしても視野狭窄になって、自分の生活や地域での活動などよりも自分の勤める企業の収益や企業内での自分の立場のほうが大事だ、などと思い込んでいくことになります。日本の男性が家事・育児に参与したがらない一因はここにもあるのでしょう。

極端な話ですが、精神医学では「ストックホルム症候群」という現象が知られています。これは、ストックホルムで、二人の銀行強盗たちに人質として拘束された四人の被害者たちが、長時間拘束されるなかで、強盗犯にたいして同情的になって、警察に銃を向けたり犯人に恋愛感情を抱いたりするまでになってしまった、という実際に起こった事件から命名されたもので、**攻撃者との同一化**の一種と考えられます。人間は生命に関わるような弱い立場にいることが辛いので、攻撃者に同一化して強くなった気になろうとするわけです。また「ミルグラム実験」も著名です。これは、アルバイトで雇われた人に命じて、被験者にたいして電流を流させる実験です。電流が流れると被験者は苦しむのですが、実験者はどんどん高い電圧の電流を流すように命じます。被験者があまりに苦しむさまを見て、アルバイトの人は最初は躊躇するのですが、「続けてもらわないと実験が成り立ちません」などとうながされます。すると、ほとんどのアルバイトの人は結局最高電圧まで上げてしまうのです（なお、この実験における「被験者」は実はサクラで、実際には電流は流れていません。真の被験者はアルバイトで雇われた人のほうです）。

この二つの事例・実験は、いずれも極端な現象ではあるのですが、組織という閉ざされた権力的な場のなかで生きることの難しさを示唆していると思われます。普段は常識的な「いい人」でも、長時間上下関係の厳しい組織のなかにいると、組織の内部だけがその人にとって重要な場所になって、社長や上司の顔色ばかりうかがい、組織内の立場の維持や向上に汲々とし、場合によっては非人間的なことを平気でやるようになってしまう恐れがあるのです。

今日では、望ましい人間のイメージさえも、資本主義的になっています。「コミュニケーション力」が大切だ、などとよくいわれますが、もしも親しくない人とも表面的に上手につきあえる能力をコミュニケーション力というならば（それが一般的なコミュニケーション力のイメージでしょうが）、それは資本主義的なシステム内における労働や商売の現場における都合のいい人間関係にすぎません。そのような能力は、あるに越したことはありませんが、個人の幸福という観点からいえば、いっそう大事なのは、親しい人とのあいだで継続的に安定した関係を築く能力です。それは、コミュニケーション力というよりは、むしろ「人柄」とか「人格」とよぶべきものです。

D・W・プラースという米国の人類学者は一九七〇年代に関西に暮らす人たちの「ライフヒストリー」を聞き書きして、多くの人が家族や友人たちとの「長いかかわり（long engagements）」を大事にしていることを発見し、それがそれぞれの人の精神的な成熟を支えていると考えました。しかし、そのような長くて深い関係を育て大切にすることよりも、利那的な対人能力の向上ばかりが注目されてしまうところにも、今日の私たちの社会がいつのまにか資本主義的なシステムにずいぶんと飲み込まれてしまっていることが表れています。

4　生活の再建へ

かくして、社会全体のなかで、資本主義的なシステムが次第に強大なものになり、共同体・家族は次第に小さく脆弱になっていったのです。日本では、このような変化が一五〇年あまりの近代化のなかで起こりました。ベラーという慧眼な社会学者は、一九八五年という日本経済への評価が最も高かった時期に、次のように見事に予言しています。「急速な近代化に不可避的に伴うと思われる損耗――成功のための諸条件をいずれ否定することになる損耗――は、日本にありありとみられ、そのために、将来数十年間、日本が優越さを持続すると予想することは、ほとんどむずかしいと思われる」（池田昭訳、『徳川時代の宗教』岩波文庫、一九九六年、二五頁）。「成功のための諸条件」とは、彼によれば、家族や地域の結びつきのことであり、それが一九八〇年代にはすでに「損耗」しているので、日本は成長を続けられない、と言っているのです。

おそらく、多くの人が当たり前すぎてちゃんと認識できないのですが、「家事」とはとてもたいへんでとても大切なものなのです。毎日の食事の準備、片付け、洗濯、ゴミの処分、風呂の準備、冷暖房の管理……こうしたことは一つひとつは難しくないかもしれませんが、すべてを適切なタイミングで適切に毎日遂行し続けなければなりません。近所づきあいやＰＴＡの活動もあります。夫婦関係もメンテナンスしないといけません。そして、出産は一年がかりの全身体的な活動であり、その後の授乳期にはほとんど二四時間お世話を続けなければなりません。その後も十数年、あるいは二〇年以上もなんだかんだと子どもの世話をしなければなりません。また、土地が極めて高価な日本では家を買うことも大きな人生の課題です。老いた親の世話・介護もあります。これらすべてをこなすには、極めて高いマルチな能力が必要で、もっといえば、全人格的・全身体的な人としての力量が問われ続けるといってもよいでしょう。

にもかかわらず、戦後の日本社会はそうした「主婦業」をあまり評価してきませんでした。できて当然、できなければ女性失格のごときマイナス方向の評価しかしてきませんでした。社会学的に考えれば、実は、こうした共同体・家族を支え続ける影の労働こそが、家族ひいては社会全体の存立を支える、より本質的な労働であることは明らかです。私たちは、そろそろそのような認識の転換をしなければならない時期にきているのだろうと思います。

社会哲学者のアンドレ・ゴルツは次のような予見をしています。社会の生産性が上がるなかで、遠くない時期に人間が賃労働をする必要性は減少していくであろう。そうすると、人は、一時的には失業して困窮することがあるかもしれないが、ますます生産性が向上すれば、もはや人は労働からも困窮からも解放されて、自由な時間をたっぷり使って、好きなことをして暮らしていけるかもしれない、と。しかし、ゴルツもどうやら見逃しているのですが、それでも家事・育児における労働は決してなくならないでしょう。もちろん、共同体・家族はユートピアではありません。第7章で述べたように、閉ざされた共同体のなかでこそ恐ろしい暴力や理不尽な嫌がらせがはびこる危険性が高まります。しかもそうした攻撃者は女性よりも男性であることのほうが多いのが実態です。したがって、家事から男たちを締め出して外で働かせる、というのは、それはそれで人類の知恵だったのかもしれません。家族の外での賃労働の機会が減少していく近い将来、男性という生き物の存在意義がより深刻に問われることになるかもしれません。

賃労働と影の労働とのバランスをいかにとるかは、今後も引き続き大きな社会的かつ個人的な問題であり続けるでしょう。ただ、間違いのないことは、資本主義的なシステムが滅んでも人類は生き残ることができるかもしれませんが、家事や育児といった労働なくして、人類の生存は一時も可能ではない、ということです。

考えてみよう

- あなたは、どんなシャドウ・ワークをしてきましたか。そこにはどんな個人的・社会的な意義があると思いますか。考えてまとめてみましょう。
- アイデンティティと労働との関係について考えてまとめてみましょう。
- 「ワーク・ライフ・バランス」という言葉の意味について調べて、その実現の意義についてまとめてみましょう。
- 日本では過去七〇年間おおよそ一貫して少子化が進行してきました。その理由を考えてみましょう。
- 資本主義的なシステムにたいする最も有力な批判を展開したマルクス主義の考え方の概要とその歴史を調べてみましょう。

■キーワード

アイデンティティ（identity）　本来は何かが同一性をもち続けることだが、エリック・エリクソンはそこに独特の意味合いを込めた。すなわち、社会・世界のなかで与えられた役割を単純に引き受けるのではなく、自分自身の意志で自分の存在と活動の意義をある程度一貫したものとして自他に示す、その内容である。しばしば青年期に課題となるテーマで、単なる趣味でもなければ、単なる労働でもない、何らかの意義のあることをしたいという欲求と関係している。

マクドナルド化（McDonaldization）　マクドナルドに代表されるファストフードのチェーン店の経営原理が、米国の飲食業のみならず、世界中の各種サービス業全般に広がること。消費者のニーズに徹底的にあわせた画一的なサービスとマニュアル化された労働形態を特質とする。日本でも、コンビニをはじめマクドナルド化された商店が急速に増えて、在来の個人経営の店舗や中小の業者を圧倒している。

疎外（alienation）　人間が社会的な活動をすることで生まれた産物が、逆に人間を支配するようになること。学校、法律、国家、資本主義経済、それらはすべて人が創り出した社会集団・社会制度だが、にもかかわらず人々を支配するようになった、とマルクスは考えた。ちなみに、マルクス主義は、極めて精緻な社会理論であるとともに、二〇世紀を通じて多くの地域で熱狂的に信奉されたイデオロギーでもあって、多くの国家の指導原理にすらなり、余勢は今日にまで及んでいる。

シャドウ・ワーク（shadow work）　イヴァン・イリイチの用語。社会が産業化・貨幣化するなかで、賃金がもらえる労働とともに新たに生まれてきた、賃金が支払われない労働の総称。家事、育児、通勤、学習、転勤、ボランティアなど。この影の労働は、お金がもらえないだけではなく、権威もなければ資格も必要のない、軽い仕事あるいは単なる消費活動とみなされ、もっぱら女性を担い手としてきた。イリイチは、そのような労働の価値の格差を生まない、ヴァナキュラーな、つまり土地と生活に根ざした労働のありかたを取り戻さなければならない、と一九七〇年代に主張した。

攻撃者との同一化（identification with the aggressor）

フロイトの娘であるアンナ・フロイトの言葉。第6章で学んだように、人は絶えず身の回りの人への同一化を繰り返しているが、とくに自分を攻撃してくる人に同一化することを攻撃者との同一化という。

■さらに学ぶための本

安丸良夫『日本の近代化と民衆思想』平凡社ライブラリー、一九九九年

江戸時代に、勤勉と倹約を最上のモラルとする生き方が広がり、それが日本の近代化を底辺で支えたことを活写している。

R・N・ベラー（池田昭訳）『徳川時代の宗教』岩波文庫、一九九六年

日本の近代化を進めた日本人のエートス（精神性）とその共同体的基盤を明らかにした歴史社会学の古典。

イヴァン・イリイチ（玉野井芳郎ほか訳）『シャドウ・ワーク——生活のあり方を問う』岩波現代文庫、二〇〇六年

シャドウ・ワークという現象について告発的に書いた古典。

トマ・ピケティ（山形浩生ほか訳）『21世紀の資本』みすず書房、二〇一四年

資本主義が、歴史的な実態としても原理的にも、格差を生み出す貪欲なシステムであることを示した本。

D・W・プラース（井上俊ほか訳）『日本人の生き方——現代における成熟のドラマ』岩波書店、一九八五年

現実の男女のライフ・ヒストリーと小説のなかの主人公の人生とを照らし合わせながら、家族や友人といった「道づれ」たちとの「長いかかわり（long engagements）」のなかで成長し成熟し老いていく人々の姿を共感を込めて描いた本。

コラム 「悪の陳腐さ」

哲学者であるハンナ・アーレントの言葉。アーレントは、ユダヤ人の虐殺にかかわった、ナチスの将校であったアイヒマンという男の裁判をみて、そこにいる被告が大悪人とか精神異常者というわけではなく、むしろただの平凡で小心な官僚にしかみえなかったことから、この言葉をつくりました。「悪の陳腐さ」とは、平凡な人が、組織のなかで、自分自身はたいした悪意をもつことがなくても、結果として、大きな悪事をなしうることをいいます。日本でも、丸山眞男という政治学者が、終戦後の戦争犯罪を裁く裁判において、誰もが、自分にはたいした権限はなく事態を追認するほかなかった、などと言って責任を認めようとしないことをみて、これを日本の組織の問題ととらえ、「無責任の体系」と命名しました。個々の意志では一人も殺せないような凡人が集団では大量の殺戮に関与したのですが、今日でもこのような無責任で陳腐な悪はどこにもあります。例えば、原子力発電を推進してきた、研究者・官僚・企業人たちも、個々にはとくに悪意はなく、家に帰ればよき家庭人であったかもしれません。しかし、そのようなシステムのなかでの職務遂行が、結果として未曾有の事故を引き起こし、何万人もの人々に故郷から出て行くことを強いたのです。そのような意味での「悪人」は身近にいるのかもしれませんし、私たち自身なのかもしれません。

第10章　老いゆく日々と社会

1　老いの文化

人は誰も次第に老いていきます。この章では、今日の社会のなかで老いていくことの難しさについて、様々な観点から述べていこうと思います。

老いは、生物としての普遍的な現象です。いつからどのように老化がはじまり進行していくのかは、言葉の定義にもよりますが、老化を心身の機能の継続的低下とするならば、すでに子どものうちから部分的にははじまっているといえます。近所の公園で子どもたちの様子を見ていると、実は大人にはない高い能力をもっていることがよくわかります。はじめて会う子同士であってもすぐに仲良くなって、その場で思いついた遊びをつくって、一緒に楽しいひと時を過ごすことができるのです。そのような能力はおそらく小学校高学年くらいには次第に失われて、大人になると、泥酔したりしない限り、初対面でいきなり仲良くなったりはできなくなりますし、遊びもパターン化されて創造性に乏しくなります。学習においては、臨界期というものがあって、それを超えると身につけるのが困難になるといわれています。スポーツの世界だと、競技によっては、一〇代後半がピークで二〇代前半で引退したりします。

しかし、一〇代や大学生くらいでは、「自分も老けたなあ」とはあまり思わないでしょう。それは、衰えはじめている部分があっても、成長している部分がまだまだあるからです。知識や経験は蓄積できますし、多面的な思考ができるようになり、持久力や筋力などもまだ伸ばすことができます。世間でも、大学生はまだ一人前とはみなさなかったりしますから、老けているとはみなされません。しかし、二〇代後半とか三〇代になってくると、さすがに老いを自覚するようになってきます。心身のあらゆる部分が成長を止め、それぞれ徐々に衰えはじめるからです。そのような全面的な老いのプロセスには、個人差がありますが、ある程度誰にでも共通している部分もあります。例えば、老眼の開始は、だいたい誰でも四〇代の半ばくらいです。

私自身をふりかえると、老いをはじめに感じたのは、二四歳のこと、自分の頭頂部の毛がちょっと薄くなっていることを発見してしまった時でした。やるせないショックを感じました。それ以来、残念なことに、髪の毛も含めて体のいろいろな部位の機能や見た目で少しずつ老いを発見してきました。また、精神的にも、老いを自覚することが四〇代に入って、増えてきました。緊張感、集中力、記憶力などの低下です。また、いわゆる「社会」にたいする感覚の変化も感じます。若いころには、社会の様々な理不尽さに腹をたてることが多かったのですが、むしろ最近は社会というもののありがたさを感じるようになりました。それは社会学を学んで社会観が進歩したというよりは、生理的な感覚の、ある種の老化であるように自分自身では感じられます。この本の記述にもそうした老いの兆候は潜んでいることでしょう。

性的な魅力や生殖能力も、もちろん、衰えます。女性アイドルがグループなどから「卒業」するのは二〇代前半だったりします。ずいぶん早い引退です。女性は、一般的には三〇代後半くらいから妊娠しにくくなり、四〇代か五〇代には閉経します。子どもを産むことができなくなる、ということはやはり大きな人生の節目になるのでしょう。男性も異性としての魅力は次第に衰えるようで、四〇代の独身男性が結婚を希望しても結婚に至る可能性は一〇パーセントもないそうです。生殖能力もそのころから次第に低下していきます。一般に更年期障害といわれるものは身体的な変調だけではなく、うつ状態に陥るなど精神的な変調をともなうこと、また男性にもよく起こることが知られるようになりました。

老いを自覚するのは、もちろん、悲しくわびしいことです。生き物としての力を次第に失っていくということなのですから。そして、老いは止まることなく着実に進んでいき、どんどん心身は衰えていくでしょう。その先には、死の運命があることも、老いという現実をいっそう悲しく、時に恐ろしく思わせます。

そこで、多くの人は、自分の老いを素直に受け取るのではなく、何とか若さを保とうとします。お化粧やかつらで若づくりをする、体を鍛えたり健康にいいものを食べたりして若さを保つ……中身であれ外見であれ、なんとか若くありたい、という思いは中年以降の人には切実です。最近では、プチ整形も盛んに行われて、シミやシワをとって顔面を若く見せることは、ごく一般的に行われているようです。それは、他人に若く見られたいというだけではなく、自分はまだまだ若いのだと自分が信じたい、という気持ちも大きいのでしょう。

私が子どものころは、ずいぶん違いました。お年寄りはもっと年寄りくさかったです。私の記憶のなかでは、寺内町に住む近所のおばあちゃんたちは、田舎のふきさらしの道を、お化粧をしない日に焼けた黒いしわだらけの顔をして、背骨をおおきく曲げて、手押車によりかかりながら、歩いていました。男性たちも、かつては若づくりなどせず、むしろ多少年長に見えたほうが貫禄があってよろしい、と思っていたようです。第二次世界大戦敗戦の翌年から連載がはじまった『サザエさん』の波平さんはまったくのおじいさんに見えるのに、実は五四歳という設定なのは驚き、とはよく知られたネタですよね。

さかのぼれば、元来、東アジアでは、老いることは必ずしも悪いことではありませんでした。紀元前後から中国で支配的な教えになった儒教は、祖先崇拝という宗教的習慣を背景としてもっていて、なかでも親孝行をその教えの中軸にすえたのですが、そこから派生して年長者を敬うことも重んじられました。おそらく、老いた人に敬意を払う、というのは文化的な知恵として大きな意義があったのだろうと思います。誰でも老いるのですから、老いて尊重されるのであれば、若いうちは多少辛くても、将来に希望をもてます。死ぬ時も、敬意をもって見送られ祖先として丁重に祀られると信じることができれば、少しは気が楽になったことでしょう。また、日本では、多くの文化が男性老人向けに発達してきました。俳諧や茶道、香道といった江戸時代に発展した文化の多くは、もっぱらおじいさん向けです。このような敬老（とくに男性老人の尊重）の文化は今日の日本ではずいぶん衰えましたが（隣国の韓国では日本よりもまだ強く残っているようにみえます）、それでも部活動などではなお先輩と後輩の上下関係を重んじる習慣がありますし、企業においては今でも年功序列の文化が残っています。

上下関係を重んじる習慣は、すべての国民が対等であることを原理原則とする民主主義の精神と矛盾し、いろいろな軋轢を生んでもいることは、第5章第3節の**隠れたカリキュラム**の話で述べましたね。実際、先輩やお年寄りを尊重する文化は日本ではだいぶ弱まり、それに応じるように、人々はせっせと若づくりするようになって、今日では、多くの人は老いを忌避し若さを尊ぶようになっています。もっとも、これは現代だけの現象ではなく、むしろ多くの文化圏では昔から当たり前のことだったようです。若さは昔から素晴らしいものとされ、例えば古代ギリシアの彫刻では、男たちはいつも若々しく筋骨隆々です。儒教の影響が強かった東アジアは、例外的に敬老の文化を発達させて、お年寄りたちが堂々としていたのです。それがいいことであったのかどうか、難しいところですが。

2　死期の自覚と心理的危機

老いの自覚に続いて、「**死期の自覚**」が訪れます。死期の自覚とは、本書では、自分もいずれは死ぬということを切実に思う、という意味とします。個人差がかなり大きいのですが、だいたい三〇代から四〇代くらいにそういった自覚が訪れます。

もちろん、自分がいずれは死ぬのだということは、子どものころから知っています。これは、「死期の自覚」ではなく、**「死の発見」**とでもいうべきものです。つまり、具体的に死が差し迫っていると感じるわけではないが、自分もまた、他の人と同じように必ず死ぬという運命を知的に発見する、ということです。これも個人差はあるのですが、少なくとも赤ちゃんは、おそらく他人の死も自分の死も含めて、死というものがあることがわかっていません。しかし、小学生か、少し遅いと中学生くらいになると、他人だけではなく自分もいずれは死ぬのだということを発見して、とても怖くなる、という体験をするようです。この死の発見は、祖父母をはじめ親しい人の死に遭遇することをきっかけにして起こることがよくあります。

死を発見できるということは、人間が他の生物と根本的に異なることの一つです。人間以外の動物は、おそらく自分が死ぬことを知りません。しかし、人間には、法則を認識し未来を見通す力があり、自分を客観視することもある程度できますから、成長して知性が発達すると、他の生物や他の人と同じように自分がいずれは必ず死ぬということを悟ることになります。そのような発見をするのが、普通は小学校高学年前後くらいなのです。

死の発見は子どもにとって大きな試練ですが、しかし、親や友だちに囲まれて安心に楽しく暮らすことができていると、死の恐怖はさほど持続しません。大学生くらいでも、健康で恵まれていれば、時間感覚がまだゆっくりしているせいもあって、年をとって死ぬのははるか先のことのように感じられますし、いろいろとやりたいこと、やるべきことが目の前に積み上がっていて忙しいので、死の恐怖は、いっそう遠のきます。ところが、三〇代の後半や四〇代になると、死期の自覚が訪れます。これは、はるか遠くにあったはずの死が、ふと気がつくともう近くまでやってきているのではないか、という感覚です。兼好法師はこう言っています。「死は、前よりしも来らず。かねて後に迫れり。人皆死ある事を知りて、待つことしかも急ならざるに、覚えずして来る。沖の干潟遥かなれども、磯より潮の満つるが如し」。

すぐに死ぬわけではないが、でももう背後に死は忍び寄ってきていると感じた時、人は恐怖に慄然とします。そして、これまでの人生はこれで本当によかったのだろうか、残された人生をどう過ごしたら有意義なのだろうかと思いあぐねるようになります。そうした悩みが深まり苦しみが強まる状態を、臨床心理学者たちは「**中年クライシス**」と名づけました。ユング派の心理学者である河合隼雄によれば、なかでも親や世間の要求を素直に受け入れて生きてきた、真面目な人ほどこのような精神的な危機状態になりやすい、といいます。彼ら／彼女らは、しっかり勉強して、いい大学を出て、ちゃんとした会社に就職して、真面目に働き続け、しかるべき人と結婚もして、ローンを背負ってマイホームも建て、子育てをする……といった周りの人が期待するであろうことをしっかり成し遂げてきたのです。ところが、中年期になってそうした世間が期待することを一通りやり終えた時に、ふと死期の自覚が訪れるのです。そして、残された時間がさほど長くないことにショックを受けて、これまで一所懸命にやってきたことは、果たして本当に自分がやりたかったことなのだろうか、自分のこれまでの人生はなんだったのだろうか、という惨めな気持ちに苛まれる……といったようなところが「中年クライシス」なのです。

「中年クライシス」に陥った人は、これまでの人生は間違っていたかもしれないから、残された人生は本当に好きなことをして生きていこうなどと決意したりします。しかし、「自分が本当にやりたいことはなんだろう?」と自問してみたら、あなたなら何と答えるでしょうか。世界一周をすること、豪邸に住むこと、見目のいい異性とつきあうこと、おいしいものをお腹いっぱい食べること……人それぞれでしょうが、多分、少し幼稚な感じの願望が出てくると思います。私たちは、いろいろな経験をし成長していくなかで、自分の夢がなかなか叶えられないことを思い知らされて夢や願望をあきらめていきます。そもそもそんな夢は幼稚で恥ずかしいものだ、と思うようにもなります。それが大人になるということです。しかし、「中年クライシス」のなかで、だからといって世間がよしとするような平凡な生き方にも満足できていない自分がいることを発見してしまって、改めて自分のやりたいことをやりたいと思うわけです。

このように人生の意義についての疑念のなかで、人々は、しばしば一種のユートピア願望をもつことがあります。リフトンという米国の精神科医は、人間は自分が死ぬべき有限な存在であることを知っているからこそ、何らかのかたちで「永遠性」を求める生き物なのだ、と考えました。自分個人の存在を超える、いつまでも続くユートピア的なものに憧れ同一化しようとするのです。そのようなものとしては、例えば、国家があります。国家は、個々人が死んでも、いつまでも存続するようにみえます。そこで、国家に貢献したり、極端な場合には、国家のために死んだりすることによって、自分の有限性を超えようというわけです。神様、会社、地域、財産、名声、芸術作品、あるいは地球全体なども、個人の有限性に比べれば、かなり長く存続することを期待できますから、それらの一員になったり頼ったり貢献したりすることで、自分の老いや死を心情的に乗り越えようとするのです。子や孫を可愛がる気持ちのなかにも、自分の死後も生きていくから、という機微がありそうです。

そうすると、もっと一般化していえば、人間が創り上げてきたものの多くは、死を乗り越えて永遠性を獲得しようとする、不可能で壮大な挑戦の積み重ねといえるのかもしれません。社会学者のバウマンもまた次のように言っています。「あらゆる人間の文化は、死すべき運命という認識をともなう生を、生きていくことができるものにするために作られた、巧妙な仕掛けとして読み解くことができる」（澤井敦訳『液状不安』青弓社、二〇一二年、五一頁）。

私たちは、「中年クライシス」という現象から一つのことを悟ることができます。それは、現代の社会システムは、人の死という運命について大事なことは何もしてくれない、ということです。成長していく子どもたちや、働き盛りの大人たちにたいしては、いろいろな働きかけをし、社会システムのなかに組み入れていきます。しかし、人が死んでいくということについては、もちろん医療機関や葬儀会社などはいろいろなサービスを提供していきますが、それは商売として「処理」をする、ということにすぎません。個人が死ぬこと自体は社会システムにとって、いわばどうでもいいことなのです。だからこそ、世間の期待通りに生きてきた人は、死期の自覚のなかで、自分の人生にもはや意義がなくなってしまったのではないかと思って、慄然とするのです。フランスの歴史家のミシェル・フーコーという人は次のようなことを言っています。前近代社会が、死刑を見世物にすることで恐怖をもって秩序を維持しようとするなど、人の死を社会のなかに組み込んでいたのとは対照的に、近代社会において、人の死は病院の片隅に追いやられ、社会は人を死のなかに放棄するのだ、と。確かに、病室のベッドでチューブにつながれたまま死んでいくイメージには、悲しく虚しいものがあります。近代社会では、このように死が周縁化するとともに、貧困化の進む日本では、高度な医療を受けることも期待しにくくなっていて、自宅で「孤独死」することも増えています。

現代社会においては、老いと死は、以前にも増して、辛く苦しいことであるようにみえます。

3 成熟のイメージ

とはいえ、年をとって老いていくことは辛いことばかりではありません。年を重ねるなかで経験を積むことで、多くのことを学び知恵を身につけていくことができます。若いころよりも、年をとってからのほうが、気持ちの面でも落ち着いたりある種の自由を手に入れたりすることができます。しかも、現代では平均寿命がだいぶ延びてきて、長く生きることが可能になりました。全体としていえば、年をとることで人は「成熟」することができるかもしれないのです。

成熟とは、しかし、何でしょうか。それは、人によって、あるいは時代や社会によって異なるものなのでしょうか。それとも、ある程度人類に共通した精神的な成長のパターンがあるのでしょうか。二千年以上前の中国の哲学者孔子は、次のように成熟の道筋を語りました。「四十にして惑わず、五十にして天命を知る、六十にして耳順う、七十にして心の欲する所に従えども、矩を踰えず」。こうしてみると、孔子をはじめ昔の人は成熟とは、自分の欲望が社会の規範（あるいは天命）と合致するようになる長い道のりと考えていたようです。しかし、現代の社会では、個人の欲望をそれほど悪いものとしてはとらえておらず、むしろ、自分の欲望に忠実に生きることが幸福だとみなす傾向がありますす。だとすれば、現代社会において成熟とは何であるのか、よくわからなくなってしまいます。ここでは、何人かの心理学者たちの意見に耳を傾けてみましょう。

米国の心理学者のアブラハム・マズローという人は、人間の欲求には段階があって、低次のものがかなえられるとより高次の欲求を抱くようになる、と考えました。順番にいうと、まず生理的欲求（食欲、性欲、睡眠欲など）の満足からはじまります。これが満たされると、安全を欲求し、さらに所有と所属の欲求（財産をもち、家族や仲間集団、会社などに所属すること）をもち、それらが満たされるとさらに高次の欲求、すなわち承認の欲求（他人に価値のある人間だと認められること）をもち、そして最後に自己実現の欲求をもつようになります。自己実現とは、自発的な意思に基づいてなるべき自分になる、といったことのようです。

ユング派の心理学者たちは、もう少し重層的な成熟観を提起しています。人間の人格には、自他にとって受け入れやすい光の部分と、受け入れがたい影の部分があります。知的な能力や他者への共感能力などは光の部分ですが、嫉妬心や破壊衝動などは影の部分で、しばしば人は自分の影の部分を抑圧して認めようとしません。しかし、人は成熟するなかで、影の部分も自覚し、自らの人格全体のなかに統合していこうとします。とくに、女性は自らの男性的な部分を、男性は女性的な部分を統合することによって、より高次な人格状態に至るのだ、というわけです。

　こうした心理学者たちの成熟のイメージは、私たちの自尊心をくすぐるところがあります。自分が年をとってそんな偉い成熟した人になれたらいいなあ、というわけです。しかし、実際に、身の回りのお年寄りをみると、このような賢者みたいなりっぱな人は、失礼ながら、あまりいないような気がします。年をとっても、世俗的な煩悩からは中々自由にはなれないようです。

　私自身は、ハリー・スタック・サリヴァンという米国の精神科医のいう成熟観が、現代的でいいのではないかと思っています。彼は、成熟とは、「世界のどこにいっても我が家にある思いのできる人になりうるということ」（中井久夫ほか訳『精神医学は対人関係論である』みすず書房、二〇〇二年、三三五頁）と言っています。つまり、第4章で述べたように、赤ちゃんはお母さんに全面的に依存しているのですが、次第にお母さんから多少離れていても大丈夫になっていきます。成熟とは、自分のお母さんや家からどんなに遠く離れても、逆にどんなに近くにいても、もう少しも不安に思わず、親や友だちや恋人や会社や名誉などどんなものにもしがみつく必要がない状態だということです。そのような自律的な自由を獲得したうえで、「自分の相手の人物の可能性と興味と限界と不安の対象などに対してまったく共感的な理解が持てる」ことが成熟だ（同書、三四六頁）、と言っています。そのような成熟は老人だけの特権などではなく、若くても十分可能かもしれません。その意味では、「成熟」という言葉はふさわしくなく、むしろ単に自由で愛情が豊かだといったほうがいいようですが、私にはこのあたりが人間のありうる精神的な健康のイメージとして最もよいように思います。

4　老いの困難

成熟するにせよしないにせよ、老いていくことによって、人は多くの困難に直面します。それは、中年期のように、年をとるのは何となく嫌だなあという気分の問題にとどまらず（それも十分辛いことですが）、次第に実際の生活を送るうえで様々な支障が生じる、具体的な困難になっていきます。

一つは身体的な機能の衰えです。身体的な機能は徐々に全体的に低下していきますが、とくに病気や怪我によって、一部の機能が急激に低下するということが増えてきます。医療技術が年々向上し、そのことによって平均寿命は延びてきましたが、同時に通院や服薬を続け、老人ホームなどで介護を受けながら、あるいは入院をして、暮らしている高齢者も増えてきました。認知症になる人も最近は増えていて、その人の介護や安全の確保は社会の課題となっています。

また、年をとると、しばしば仕事を失います。公務員でも民間企業でもたいていは定年があって、一定の年齢に達すると退職を余儀なくされます。多くの日本人は定年後も再雇用・再就職を望み、近年は労働力不足が深刻化していますので、年をとっても仕事を続けることは可能ですが、若い時よりも労働条件が悪くなることが多いようです。また、病気になったり怪我をしたりすると、仕事を続けることは難しくなります。

仕事の喪失、あるいは労働条件の悪化は、しばしば貧困を招きます。貯蓄が十分あって、年金額も高くて、持ち家もあれば、豊かな老後を送れる可能性が高いのですが、逆に貯蓄がなく年金額が低くて持ち家がなかったりすると、貧しい老後になってしまうかもしれません。今のところ、日本の高齢者夫婦の平均の年金受給額は月に二〇万円ほどだそうですが、今後減っていくことが確実視されています。近い将来の高齢者たちの多くが貧困状態におかれる可能性が高いのです。

また、年をとると、家族のなかでの役割を失っていくことが多くなります。子育てはとうに終わっているでしょうし、配偶者に先立たれると、妻として夫としての存在意義もほとんどなくなってしまいます。何のために生きているのか、という自問をせざるをえないかもしれません。「**脱社会化**」という、社会化の反意語があるのですが、これは賃労働としての仕事の喪失や家族のなかでの役割の喪失など、社会のなかで立場を失っていく過程のことで、老年期には一般的にみられることです。

こうした様々な困難を自立の喪失の問題として考えることもできます。子どもは成長していくなかで、四つの自立をだいたい順番に達成していきます。身体の自立、生活の自立、精神の自立、経済の自立、です。しかし、年をとるなかで、これらの自立が次第にできなくなっていくのです。経済的には社会保障や子どもに頼るようになるかもしれませんし、一人での生活が困難になって老人ホームに入るかもしれません。そのうち寝起きも自分ではできなくなり、精神的にも弱ってくるかもしれません。若いころ、どんなに元気だった人でも、そのようにどんどん老いていくなかで、自立して生きることができなくなる可能性は否定できません。

身体の衰え、職業の喪失、貧困化、家庭での役割の喪失……これらの老年期における困難のほとんどは、本人の努力や心がけでは如何ともしがたいものです。本来は、こうした状況こそ、相互扶助の仕組みとしての「社会」の出番のはずでした。なかでも、家族の手助け、とくに若い人の助けがなんといっても必要なことが多いのですが、それを期待しにくい状況が今日の日本では起こっています。かつては、お年寄りのお世話はもっぱら長男の嫁が担うべき、という考え方がありました。しかし、これは古い家父長制的な家族を前提とした考え方で、説得力はとうに失われています。また、近代化のなかで、日本人は、地方から都市部に移って労働し家族を営むということをしてきましたが、その結果田舎に残されたお年寄りは子どもたちの世話が受けられなくなりましたし、戦後の日本の会社はなぜかひどく横柄で、社員に平気で転勤を一方的に命じる傾向が今でも残っていて、これは当然ながらお年寄りの日常的な世話を事実上不可能にします。さらに、子どもの数が減るなかで、お年寄りの世話の負担が若い人たちに重くのしかかることになります。

このような日本社会の状況のため、日本では結局老人は孤立しがちです。社会学者の上野千鶴子は、二〇〇七年に『おひとりさまの老後』という本を書いて話題になったのですが、そこで指摘したのは、多くの人（とくに女性）は老後は一人で暮らすことになる、ということです。独身を貫いた人はもちろんですが、結婚していても女性は夫に先立たれることが多く、最近は子どもたちは別居するのが普通なので、結局人生の最後の日々は「おひとりさま」というわけです。そのため、うっかりすると死ぬ時も一人で、誰にも看取られずに自宅などで亡くなってしまう「孤独死」が問題になっています。ひどい場合には遺体の引き取り手も現れないことがあるそうで、その場合は行政機関で葬儀を行うことになるのですが、そのような「無縁死」も年間三〇〇〇人に上るそうです。自殺率はおしなべて男女とも年齢とともに高くなるのが現実です。やや極論ではあるのですが、日本社会は、血縁・地縁（ご近所の交流）・社縁（会社内でのつきあいや相互扶助）などが弱くなった、「**無縁社会**」になってしまったともいわれます。

上野は、そのように孤立してしまわないためにも、配偶者や子どもにしがみつくのはリスクが高いので、年をとってからも、趣味などを通じて積極的に新しい交友関係を広げて、楽しい老後をつくりだそうと提案しています。こうした前向きでソーシャルな提案は希望をもたらしますが、同時に上野は、女性はそういう交友が得意だけど、日本の男性は年をとって新しい友人をつくるのが下手だと嘆いています。ご指摘の通りだと、男の私も思います。

しかしながら、老いて孤独になっていくことは悪いことばかりとはいえないかもしれません。スウェーデンの老年学の研究者であるラーシュ・トーンスタムという人は、老いた人にしばしば訪れる、ある種の精神的な成熟について研究して、その境地を「老年的超越」と名づけました。老年的超越において人は、この世界全体と緊密に結びついている感覚をもち、過去（とくに自分の幼年期）とも未来ともつながっていて、死をかつてほど恐れなくなる、といいます。そして、物質的な豊かさや人との表面的なコミュニケーションに興味を失い、一対一の親密な関係や自分自身の内面、あるいは日常的なささやかな出来事に、より深い関心を抱くようになるのだそうです。東洋人が伝統的に抱いてきた理想的な隠棲のイメージにも近いですね。

考えてみよう

- あなた自身は、「死の発見」を経験したことがありますか。もしあるのならば、それはどんな経験でしたか。思い出して、まとめてみましょう。
- 人間の精神的な成熟とはどんなものだと思いますか。本文も参考にしながら、自分の考えをまとめてみましょう。
- 望ましい「老い」のかたちとはどのようなものだと思いますか。社会システムや家族との関係もふまえながら、自分の考えをまとめてみましょう。
- 老年的超越という現象について調べて、それがどのような条件のもとでどの程度可能な現象なのか、考えてみましょう。
- あなたの近隣にはどんな人と人との交流がありますか。それにはどんな意義があると思いますか。考えてまとめてみましょう。

■キーワード

「死の発見」と「死期の自覚」 人間は誰も死ぬこと、そして自分もそうであることをはじめて知るのが、「死の発見」であり、小学校の高学年前後に訪れるのが普通。「死期の自覚」は、老いて死んでいくことを切実に感じることであり、年齢的には三〇代・四〇代ごろに訪れることが多い。いずれも本書に独自の用法。

中年クライシス（mid-life crisis） 中年期において、仕事や子育てなど社会的な義務をある程度果たすと同時に死期を自覚するなかで訪れる精神的な苦しみ。実際、中年期にはうつ状態になる人が増え、自殺者も多い。

脱社会化（de-socialization） これは、監禁による洗脳などによって社会性を失っていく過程のことをいう場合が多いが、同時に、会社を退職したり、家庭のなかで役割を失ったりするなど、それまで所属していた社会集団から離脱することやそれまで担っていた役割を失うこともいう。後者の意味での脱社会化は、老年期には一般的にみられる現象である。とはいえ、脱社会化がいくら進行しても、生きている限り、完全に社会から切り離されることは、今日ではまずありえない。

無縁社会 生身の人と人との関係が希薄になった現代の日本社会のことをいう。血縁・地縁・社縁（職場でのつきあい）が弱くなり、老後における「おひとりさま」や孤独死の増加の背景となっている。

■さらに学ぶための本

上野千鶴子『おひとりさまの老後』文春文庫、二〇一一年

現代日本で老いていくことの難しさと可能性を書いた本。この本はもっぱら女性を念頭に書かれているが、男性向けの続編もある。

ラーシュ・トーンスタム（冨澤公子ほか訳）『老年的超越――歳を重ねる幸福感の世界』晃洋書房、二〇一七年

「老年的超越」という概念の提唱者の本。なお、訳者の冨澤公子氏は、奄美大島をフィールドにして老年的超越の実証的な研究をして、隣近所のつきあいが盛んなことが老年的超越を容易にする条件の一つではないかと示唆している。

河合隼雄『中年クライシス』朝日新聞社、一九九三年

日本を代表する臨床心理学者であった著者が、数多くの小説を紹介・分析しながら、中年期の精神的な危機とその克服について語った本。この著者の本はすべて、わかりやすいのに、深い。

中井久夫『「つながり」の精神病理』（中井久夫コレクション）ちくま学芸文庫、二〇一一年

博識と洞察力をあわせもつ稀有の学者・精神科医である著者が日本の家族や老いについて語った本。

コラム　永遠性を求めて

ロバート・J・リフトンという米国の精神科医・心理歴史学者は、ベトナム戦争からの帰還兵や思想改造を経験した人などを対象にした、限界状況における人間の心理についての研究で広く知られている人ですが、日本人の心の歴史にも深い関心を寄せてきた人でもあります。彼は広島の被爆者たちに聞き取り調査をして、彼らが受けた心の傷を詳細に検討しました。被爆の経験によって、彼らは身体的な後遺症に苦しんだだけではなく、この世界への基本的な信頼感を失い、身近な死者への罪悪感に苦しみ、感情が鈍麻し、米国という攻撃者への同一化を余儀なくされる、といった深刻な心的影響を受けたとしました。この被爆者の研究は、後の米国におけるPTSDの概念の形成に寄与しました。

また、リフトンは、人間は、自分が死ぬほかはない存在であることを知っているがゆえ、何らかの「永遠性」を求める生き物なのだ、という人間観を示していて、この観点から、乃木希典や正宗白鳥など、近代日本の人々の精神史を研究していています。その研究によれば、一神教的な信仰がない日本においても、有限な自分よりも長く存続するであろうものにある種の永遠性を感じて、それに何らかのかたちでコミットすることによって「象徴的不死」を信じようとしている、といいます。「象徴的不死」は、具体的には、子どもや孫、宗教的信仰、創造的な仕事・芸術、自然環境、恍惚の境地などとのかかわりによって得られる、といいます。会社組織や国家もそうした「象徴的不死」をもたらす対象になりうるでしょう。これらはもちろん、必ずしも本当に永遠に続くものではないのですが、少なくとも本人よりは長く存続することが期待できます。永遠性にコミットしようとする情熱は、死の恐怖を軽減させるとともに、システムや共同体の維持・発展の心理的な基盤の一つになっていると思われます。

（加藤周一、M・ライシュ、R・J・リフトン著、矢島翠訳『日本人の死生観』上・下、岩波新書、一九七七年）

第11章　死と社会

1　死にゆくこと

いよいよ、人は死んでいきます。死とは、とても怖いもののような気がします。死の危機が迫ると、人はどのような精神状態になるのでしょうか。この重たいテーマについて、有名な研究があるので、紹介したいと思います。もう半世紀も前の研究ですが、E・キューブラー・ロスの『死ぬ瞬間——死とその過程について』という本です。この本は、病気が治る見込みがなく余命は長くないと告知された末期患者が、死に至るまでの段階でどのような精神状態を経ていくのかを、多くの患者にインタヴューすることによって、明らかにしようとしています。ロスによれば、五つの段階にまとめることができます。

1　否　認：告知をされると、一時的なショック状態を経て、何かの間違いだろうと思う。

2　怒　り：なぜ自分だけがこんなことになるのか納得できず、誰か（医者や家族や神様）のせいにして怒る。
3　取　引：どうせ死ぬのであれば、せめて○○をしよう、と思う。
4　抑うつ：感情全体が鈍麻して喜怒哀楽がなくなっていく。
5　受　容：死の運命を受け入れる。

この研究からわかることの一つは、人はなかなか死を受け入れず、なんとか生き続けようと欲望するものだ、ということです。医者は最初の告知の段階ですでに諦めているのですが、本人は1の否認の段階が終わったあとも、諦めきっているわけではないのです。もうだめだろうとわかっていても、心のどこかでは、何かの奇跡——例えば、新しい薬が開発されて自分が最初の被験者になってその薬のおかげで病気が治るのではないか、とか——が起こって、助かるのではないかと期待していま す。5の死の受容では、本当に諦めてしまうのですが、それは、たいていは、死が数時間後に迫ったぎりぎりにようやく訪れるのだそうです。

ところで、この末期患者の五つの段階は、実は末期患者だけではなく、私たちの人生全体においても起こっていることではないでしょうか。1は、前の章で述べた、子どもの時に起きる**死の発見**です。自分がいずれは死ぬことを知るのです。2はとくに対応する段階はなさそうですが、辛いことを他人のせいにするということは、いつでも誰でもやることです。3は、健康な人もやっているのではないでしょうか。どうせ死ぬのだから、生きているあいだに◯◯をしよう、という発想です。この◯◯のなかに何が入るかは人それぞれですが、**中年クライシス**（⇩10章）にあってもこうした発想があることはやはり前の章でお話ししましたね。そして、4ですが、年をとると、多かれ少なかれ感情が鈍くなりますし、認知症になったりもします。そうなると、自分の死をあまり鋭く意識しないようになって、恐怖が減っていくということはあるでしょう。5は、これも前章でお話しした「老年的超越」の境地と死を受け入れているという点で重なる部分があるかもしれません。ですから、私たちは、いわば、「死の発見」の時からずっと末期患者みたいなもので、しかしそれでも生き続けることができると信じて、なんとか生きていくわけです。

キューブラー・ロスは、すでに病気が治る見込みのない患者にこそケアが必要なのだ、ということを主張しました。当時は、まだ治る見込みのある患者に医療のリソースを集中させて、治る見込みのない患者は医療福祉から切り捨てられていたのですが、キューブラー・ロスのこの研究が一つの契機となって、次第に「ターミナルケア」ということが行われるようになります。日本でも、まだまだ不十分ですが、ホスピスが開設され、終末期医療が行われるようになりました。死にゆく苦しみを一人で抱えるのではなく、身の回りの誰かに支えられ分かちあうことは、大きな慰めになるに違いありません。

もう一つ、話題になった本を紹介したいと思います。『死ぬ瞬間の5つの後悔』（仁木めぐみ訳、新潮社、二〇一二年）という本です。著者のブロニー・ウェアは、オーストラリアの人で、末期患者のお世話を専門にする、フリーの看護師です。患者自身やその家族から依頼があったら、その患者のもとへ行って、亡くなるまでの間、いろいろとお世話をするのです。たくさんの人を看取ってきた彼女によれば、死を目前にして次のような感慨をもつ人が多いそうです。

1　他人の期待ではなく、本当の自分を生きればよかった。
2　仕事をそんなにしなければよかった。
3　自分の気持ちを表現する勇気をもっともつべきだった。
4　友だちとちゃんと連絡をとってつきあっておくべきだった。
5　自分をもっと幸せにしてあげればよかった。変化を恐れずに。

本書のテーマにひきつけていえば、この本からは、人は人生の最後の時間のなかでは、社会システムのなかでの役割や達成などにはほとんど興味がないことがわかります。さらにいえば、家族のなかでの役割にすらさほど価値をおいておらず、むしろ自分自身の欲望の実現と身近な人との親密な交流により深い感情を抱いているらしいことがわかります。1の「他人の期待」とは、家族からの期待も含まれています。

日本語には、「末期の眼」という言葉があって、これは、死の直前に深い洞察力をもつことを示唆しています。末期の眼が自分のこれまでの人生について本当のことを見通すものなのか、それとも死にゆく孤独と恐怖のなかでの特殊な心理的状態を背景にした繰り言にすぎないのか、それは私にはまだわかりません。

2　臨死体験

さて、本当の最後の瞬間、生きている状態から死んだ状態への移行の瞬間がどのようなものなのか、それもよくわかりません。死を体験した人の話をきくことは、原理的に不可能ですから。しかし、「**臨死体験**」とよばれるものがあって、それは死の瀬戸際と思われるところまでいったが生還した人の体験のことです。この臨死体験は古くから記録されていて、最近では研究も進んでいます。米国や日本での臨死体験の証言と研究をまとめた立花隆の『臨死体験』などによれば、臨死体験とは次のようなものです。

まず、「体外離脱」が起こります。これは自分の意識から自分の体から少し離れたような感覚で、自分自身の体や周りの人たちの様子などが見えるそうです。この時、自分は死にかけていて、心臓が止まったりしていますから、周りの医療関係者などはかなり慌てていたりするのですが、本人はいたって平静なのだそうです。その次に、意識が身体からさらに離れて狭く暗いトンネルのようなものをくぐり、それを抜けると圧倒的な光を感じる、というパターンが多いそうです。そして、自分の人生の全体を細部にわたり瞬間的に回顧する、ということも起きるそうです。忘れていたことや当時は気づかなかったことすらも感じられる、というから不思議です。また先に亡くなっている近親者に再会することもしばしば起こります。そして、誰かに呼び止められて元の道をひきかえすなどして、意識が回復するのだそうです。

以上は典型的なパターンで、細部は人それぞれですし、また欧米人は神様を感じ、日本人は三途の川を見ることが多いそうで、そうした文化差があることも興味深いことです。そして、臨死体験を実際にした人の多くにとって、この体験は全体に幸福感に包まれたもので、たいていは非常に強い喜びも感じるのだそうです。そして、この臨死体験は、「たましい」が肉体から離れ別の世界へ行きかけた体験なのだと思う人が多いのです。それは、死後の世界があると教える宗教的な世界観とも相通じるもので、実際、臨死体験をした人の多くは生還後、宗教的なものやスピリチュアルな感じ方に共感する傾向があるようです。さらに、臨死体験をした人の多くは、世界全体とつながっている感覚を以前よりもしっかりともち、より博愛的になり、日々の生活を大切にするとともに、死への恐怖が以前ほど強いものではなくなる、といいます。

興味深いことに、この体験は、多くの宗教者が経験する「**宗教的経験**」と、その心理的内実においてとてもよく似ています。ウィリアム・ジェイムズの古典『宗教的経験の諸相』によれば、のちに教祖となった宗教者の多くが、精神的な危機を経て突発的に起こる人格的変容、すなわち「回心」を強い幸福感とともに経験しており、その結果、以前よりも平穏で博愛的で使命感に満ちた状態になるそうです。仏教でいう「悟り」の経験とほぼ同じ内容と思われます。

宗教の側に立って考えると、臨死であれ回心であれ、これは、真実に目覚め本当の世界の姿を知った、ということになるでしょうが、客観的に考えると、肉体的・精神的な極限状態において、ある種の「解離」が起こっているとみなせるかもしれません。解離とは、意識が身体から少しずれてしまうことで、暴力をふるわれるなどしてストレスが極端に高い状態になったさいに起こる精神的な現象です。死にかけることによっても、修行で肉体的・精神的に追い詰められることによっても、同じ様な解離のメカニズムが作動して、脳内の働きも特別な状況になって、その結果、様々な妄想や記憶の異常な想起あるいは強い幸福感などが引き起こされるのだ、というわけです。もっとも、これは、仮説にすぎず実証されたわけではありません。そう考えると、まあまあ一貫した説明が可能だ、という程度です。

しかしともかくもいえることは、死ぬ瞬間は、生前に恐れていたほど恐ろしいものでも苦痛なものでもなく、案外心理的には楽な状態なのかもしれない、ということです。

3　宗教の意義

ところで、年をとると、より多くの人が何らかの宗教に心惹かれるようになります。もちろん、子どものころから、家族の影響などから、何らかの宗教の信者であることはありますし、生涯を通じて無宗教の人も多いですが、全体としていえば年をとると信仰をより深めることが多いようです。

そもそも、宗教とはなんでしょうか。それにはどんな精神的・社会的な意義があるのでしょうか。ご存じのように、今日の日本人の多くは確固とした信仰をもちませんが、世界の多くの地域では様々な宗教の熱心な信者がたくさんいます。なかでもイスラム教とキリスト教は数十億人の単位で信者がいます。人類の大部分は、科学技術がこれだけ発達し人類の知識が大いに進んだ今日においても、何らかの「神様」を信じているのです。

各種の宗教団体ももちろん社会集団の一種で、基本的にシステム的なものです。ですから、ともすると、他のシステム的な社会集団と同様に貪欲に自己の利益や勢力の拡大を目指す傾向があって、宗教団体間の争いはしばしば激烈なものでした。また、各種宗教のなかには、死に怯える人をやすらがせるだけではなく、ウチの神様を信じないと地獄に堕ちるよ、などと死の恐怖に便乗して信者を獲得しようとすることもあります。

しかし、宗教が実際に信者にたいしてある種のやすらぎや救いをもたらすことも多いので、社会学では、宗教団体が、システム的なものでありながら、人々の生活を支え人と人とを結びつける共同体的な役割を担っていることに注目してきました。

日本社会においても、かつては様々な神様が信じられてきました。神道とは、日本列島の各地に古くからあるいろいろな神々への信仰の総称です。仏教は飛鳥時代に大陸から伝わって以来、多くの分派を生みながら、日本人の生活に深く浸透していきました。キリスト教も戦国時代の終わりごろにヨーロッパからきた宣教師たちによって伝えられ一部に熱心な信者を生みました。しかし、日本では江戸時代がはじまるころから、急速に「**世俗化**」が進みます。世俗化とは、社会学では、宗教的な活動が、社会の他の領域から分離していくことをいいますが（とくに政治と宗教の分離が世俗化の中心的な意味です）、日本社会ではそういう意味での世俗化とともに、もっと単純に様々な信仰が衰えていくという現象が江戸時代にみられました。キリスト教は禁じられ、仏教も最も活動的な教団は弾圧され、宗教活動全体が幕藩体制のなかでしっかりと管理されるようになりました。その後、紆余曲折はあるものの、日本人の多くが、特定の教団に属して特定の神仏を熱心に信仰する、ということをしなくなりました。とはいえ、日本人が完全に無宗教になったというわけではなく、全国津々浦々に寺社がなお存続していますし、各種の新しい宗教団体が、たいていは細々とですが、活動しています。さらに、初詣は国民的イベントといってよいほど盛んですし、お葬式も仏式で行われることが多いですから、今なお漠然とした宗教性は一般の日本人も保持しているといってよいでしょう。

宗教が、**近代化**（⇩1章）の進んだ今日でもなお、漠然とであれ信仰されているもっとも重要な理由は、私見では、それが人に死の意味を与えるからだと思われます。私たちは、何らかの宗教を信じなければ死んだらどうなるのか、わからないまま死んでいくことになります。死んだ本人がどこかに行くのか、まったくその存在が消えてなくなるのか、わかりません。何らかの死後の世界がある証拠はまったくありませんが、死後の世界はいかなる意味でも存在しないと断言できる合理的な理由も見当たりません。それは、生まれるとどうなるのか知らない胎児の状況と似ているのかもしれません。このような、どうなるかわからないが恐ろしい死という運命にたいして、どんな宗教も何らかのことを語っていますが、その多くは、魂が肉体から離れ、肉体は滅んでも魂には何らかの「救済」があるのだ、というようなことを主張します。魂は不滅で天国に行くとか、神様になるとか、輪廻転生する、といった救済です。

日本では、伝統的に最も多くの信仰を集めてきたのは、浄土真宗という仏教の宗派です。この宗派の教えは、庶民にもわかりやすいシンプルなもので、私の理解では、南無阿弥陀仏の名号さえ唱えていれば（つまり、常日ごろ、なんまんだぶつ、と言っていれば）、阿弥陀様の慈悲によって死にゆく時に浄土へ導かれるのだ、というものです。私たちは、たいていは生まれた時に、お母さんの愛情によって生まれ育っていくことができるのですが、浄土真宗では、死ぬ時に同じような愛情が阿弥陀様から注がれて、私たちを死後の幸福な世界へと導いてくれる、というわけです。これはかなり深い願望の物語であると私には思えます。

他の宗教にも、おそらく、多かれ少なかれ、死に臨む人にたいして、その心を少しでもやすらがせるような教えがあるはずです。だからこそ、人類は営々と信仰生活を営んできたのに違いありません。

4　死をめぐる家族と社会

宗教を信じない人にとって、死ぬと人はどこにいくのか、まったくわかりません。そもそも死とは何であるのかすら、よくわかりません。しかし、社会システム的には、どのような状態が死であるのか決まっていて、日本では次のような手続きで死亡が確認され処理されていきます。死亡後七日以内に、家族は「死亡届」を役所に提出する義務があり、死亡届が提出・受理されると、その人は国家というシステム的社会の一員ではなくなります。これは、生まれた時に提出された「出生届」ときれいに対応するものです。死亡届のさいも、医師による証明書が必要で、それは死亡診断書です。国家資格をもつ医師によって死が確認されるのです。そのことで、人は生物として死ぬだけではなく、生まれた時に与えられたすべての権利と義務も失い、システムから抹消されるのです。

人の死は人生のなかで一度だけ起こることですが、何をもって死とするかは、生物的・医学的な側面と並んで社会的な側面があります。とくに、臓器を他人に移植する技術が発達するなかで、人の死の法的な定義を変えようとする動きが起こりました。それがすなわち「脳死」です。脳死とは、脳が活動を不可逆的に停止することですが、この段階でも心臓は活動を続けていて体が温かいということがありえます。にもかかわらず、脳死状態になったことをもって死んだと判定して、その人の体から臓器を取り出して他の人に移植する、ということが行われるようになりました。感情的にも倫理的にも大いに違和感のある死の定義の変更ですが、それで他の人の命が救われることがあるので、一概に否定はできません。

さて、ともかくも、本人は最終的には亡くなってこの世界から去っていきます。しかしながら、残された人たちにとって、その人の存在は死をもって完全になくなるわけではありません。ある人の死去が、残された人に与える影響はもちろん様々です。その人との親しさの度合いやその人の死が十分予期されたものかどうか、突然のものであったかどうか、などによっても相当に異なります。とはいえ、親しい人の死は、多かれ少なかれ**トラウマ**（⇩7章）的ともいえる心理的な打撃を与えます。とくに、若い人が死んだ場合、なかでも予期せぬかたちで亡くなった場合、残された家族は時に一生立ち直れないような心理的な打撃を受けてしまいます。それは、「悲しい」とか「さびしい」といった通常の感情的反応に収まらない打撃です。

また、一見奇妙なことですが、親しい人が死んだ時、その人の死にたいして、**罪悪感**を抱くことがしばしば起こるそうです。生前にもっとよくしてあげるべきだったのではないか、もっと気をつけてあげていれば死なずにすんだのではないか、死んだのは自分のせいなのではないか……などといった後悔や自責の念に苛まれるというのです。こうした合理性を欠いた感覚は、第4章でもふれた人格の迫害性と関係しているのかもしれません。前近代の人たちは、もっと極端で、死者が怨霊となって自分たちに復讐をするのではないかと心配しました。とくに非業の死を遂げた人は恐れられ、恨みを鎮めるべく神として祀られることもありました。

死は、残された各人に心理的な打撃を与えるばかりではありません。家族のかたちもしばしば大きく変えてしまいます。残された配偶者は独り者になり、子どもたちは親を失います。それでも、死んだ人が十分に高齢であったならば、家族はその人抜きでもやっていけるようにすでになっている場合が多いのですが、比較的若くして、しかも十分には予期しないかたちで亡くなった場合は、家族はその存続が困難になるほどネガティヴな影響を受ける場合が多くなります。とくに、近代家族的な家族の場合、賃労働の担い手である父親や家事・育児を一手に引き受けていた母親が亡くなってしまうと、家族はたちまち立ちゆかなくなる危険性が高くなります。これは、システムとは異なり、構成員を「取り換え可能」なものとして扱わない共同体的な集団の宿命ですが、とくに、構成員の数が少ない近代家族的な家族の大きな欠点です。

現実的には、遺族はまずは、死者を見送る一連の社会的な儀式・手続きを執り行わなければなりません。日本では、伝統的に「お通夜」「お葬式」とよばれるものを行ってきました。諸外国でも、ほとんど必ず家族を中心にして同様の死者を送る儀式を行ってきました。葬式をする意義はいくつかあるでしょうが、一つには遺族の心理的な慰撫ということが大きいでしょう。親しい人たちが集まることで、精神的な打撃を受けた遺族が孤立しているわけではないことを思い出させるのです。また、かつては（あるいは今日も）、葬式で参列者たちが香典を渡すことで、経済的に遺族を助ける、という意義もあります。貧しくとも宗教的な儀式を重んじた昔の社会では、葬式を出すのはたいへんな負担となることが多かったので、香典は相互扶助という意義があったのです。葬式は現代では簡素になる傾向がありますが、それでも葬式代や墓石などのお見送りの出費は平均で数百万円にのぼります。

また、亡くなった人の財産をどう相続するかは、家族にとっては大きな問題になりうることです。戦後の日本では長いあいだ、相続税が極めて高率で、親の家屋敷を売り払わざるをえないなど、相続に苦労することが多かったのです。今では税率は低くなっていますが、それでも親の財産の相続は簡単ではありませんし、また相続税が下がったことで、資産家の子とそうでない子との格差が固定化されてしまうという社会的問題も深刻化しています。さらに、誰がどれだけ遺産を相続するか、ということではしばしば家族・親族同士で揉めごとになることが多いようです。

このように、一人の人の死をめぐっては、心理的・法的・経済的な多くのことが絡みあいます。また、当然ながら、葬式によっても残された人の心理的打撃は完全に修復されるわけではありません。毎日をともに暮らした大切な人と二度と会えないという現実をどう受け入れるかは、残された人の長い課題となりうるのであって、フロイトは、それを「**喪の作業**」といいました。日本で行われる、「四十九日」とか「三回忌」などは、こうした喪の作業を共同化したものともいえるでしょう。次第に間隔があくのは、喪の作業が進んで、少しずつ親しい人の死を受け入れ、多少は忘れていけることを示しています。

残された人が死んだ人のことを次第に忘れ、さらには残された人たちも死んでいくことで、システム的にはとうに死んでいた死者は、共同体的にもほぼ完全にこの世から消えるのです。二度目の死、共同体的な死ともいえるでしょう。

考えてみよう

臨死体験とはいったい何なのでしょうか。調べて考えてみましょう。

人類の多くは何らかの宗教を信仰してきました。宗教の魅力とは何か、考えてみましょう。

- 現在の日本社会は、世界の他の社会に比べてかなり世俗化がすすんでいますが、それはなぜでしょうか。調べて考えてみましょう。
- あなたの家族・親戚あるいは地域では、死者を祀る行事を行っていますか。その内容を調べて、その意義について考えてみましょう。
- あなた自身はどのような死生観をもっていますか。本文を参考にしながら、考えてまとめてみましょう。

■キーワード

臨死体験（near-death experience）　死に瀕した人が、意識を失った状態のなかで、生と死のはざまにあるような世界を体験すること。その中身には、個人差とともに共通性もあり、全体に強い幸福感があるという。

宗教的経験（religious experience）　米国の心理学者・哲学者のウィリアム・ジェイムズの言葉で、宗教的な信仰に入るきっかけとなる、意識の急速な変容のこと。この体験を経ると、世界との一体化が高まってより利他的になり幸福感が増すという。臨死体験や老年的超越による心境の変化とその内容の記述が類似していて、同じような意識の変容のメカニズムが存在するのかもしれない。

世俗化（secularization）　一般的には、宗教的信仰が衰えていく過程のことだが、社会学では、宗教的な活動が、社会の他の領域から分離してプライベートなものになることをいう。この過程は従来は近代化とともに起こるとみなされてきたが、最近は、宗教的原理主義の復興などをふまえ、必ずしも近代化の必然的な帰結ではないとされる。

罪悪感（guilt）　迫害的な不安（⇩4章）とは対照的に、自分のせいで他者が傷ついたのではないかという不安のこと。これは、超自我（⇩6章）の形成によって生まれる感情であって、人間の社会性の基盤の一つである。

喪の作業（work of mourning, grief work）　フロイトの用語で、大切なものを取り返しがつかないかたちで失ってしまったことを受け入れる心理的な過程で、とくに親しい人の喪失の場合をいう。若さ、愛する対象、人生のいろいろな可能性、さらには思い出すらも、すべてを人は失っていくのであるから、この喪の作業は人生そのものともいえるだろう。

■さらに学ぶための本

E・キューブラー・ロス（鈴木晶訳）『死ぬ瞬間――死とその過程について』中公文庫、二〇〇一年

日本語タイトルは「死ぬ瞬間」だが、実際に扱っているのは、余命が長くないことを告げられた人の、心理的な苦悩の諸段階である。死にゆくさいの心理的な内実に大胆に踏み込んだ古典。

立花隆『臨死体験』（上・下）文春文庫、二〇〇〇年

著者は、日本の政治から宇宙体験まで、幅広い分野のアクティブな問題を、わかりやすく解説している。この本は、臨死体験という不思議な現象について、オカルト的にならずに、国内外の証言や研究に基づいて、冷静に解説している。

ウィリアム・ジェイムズ（桝田啓三郎訳）『宗教的経験の諸相』（上・下）、岩波文庫、一九六九・七〇年

米国の新興宗教の教祖たちの宗教的改心の経験を学問的に分析した古典。世界との一体感、博愛的感覚の強化、使命の自覚、死の恐怖の軽減などが共通した現象であるという。

フロイト（伊藤正博訳）「喪とメランコリー」『フロイト全集』一四巻、岩波書店、二〇一〇年

親しい人の死を受け入れる心的な過程である「喪の作業」について語った著名な論文。これがうまくいかない場合の病理的な状態についても分析している。

ホセ・カサノヴァ（津城寛文訳）『近代世界の公共宗教』玉川大学出版部、一九九七年

近代化とともに世俗化が進むであろうという一般的な認識に反対して、近代世界における宗教の復活のありさまを分析した本。

コラム　不死なものとして生きる

死について古今東西多くの人が語っていますが、私がもっとも共感するのは、古代ギリシアの哲学者エピクロスの考え方です。こんなことを言っています。この世界は恵みに満ち人生は喜びに満ちている。それなのに、たいていの人は質素な生活や死ぬことを恐れるあまり不幸になるが、その恐れはまやかしにすぎない。実際にはチーズを小壺に入れて送ってさえくれれば、豪遊だってできる、つまり、貧しい

生活のなかにも無上の喜びがありうる。確かに苦痛はあるが、いつもすぐに過ぎていくし、死は逃れられない運命だが、死んだ時には死んだことはわからないはずだから、恐れる必要は論理的にまったくない。だから、死がやってくる時まで、人生を楽しめばよい、「不死なものとして、君の道を散歩してゆきたまえ」と（出隆ほか訳『エピクロス――教説と手紙』岩波文庫、一九五九年、一一二頁）。ちなみに、私の大学時代の先生の一人であった森毅という数学者は晩年にこんなことを言っています。どんな風に死ぬかは予見できない。だから、老後や死の準備なんかしてもしかたがないので、「ボケも死も見つめず」、と（『年をとるのが愉しくなる本』ベストセラーズ、二〇〇四年）。そう言った彼は、ある日一人暮らしをしていた自宅でオムライスをつくっていたら、コンロの火がエプロンに燃え移って、その火傷のために亡くなりました。確かに老いかたも死にかたも予見できませんから、何も恐れることなく今日を生きればよい、というのはまったく合理的な考えかたです。

第12章　これからの社会と私たち

1　社会にたいする私たちの無力さ

私たちは、社会のなかに産み落とされます。そして、社会のなかで育ち、社会のなかで活動し、社会のなかで子を産み育て、社会のなかで老いて、そして死にます。この章では、これまで追いかけてきた、生まれてから死ぬまでの社会との関わりの諸相をふりかえりつつ、改めて私たちにとって社会とは何かを考えてみましょう。

まず、何より、私たちにとって社会とは、圧倒的な恩恵を与えてくれるものです。生まれると同時に日本では、本人の意思や努力などとは無関係に、数々の権利と若干の義務とを、受け取ります。これは国家という社会、またその社会を築き維持してきた先人たちからの大きな恩恵です。その後は、親をはじめ家族という小さな社会に育まれます。自立するまでの長きにわたって、父母は経済的な見返りの期待できない膨大な労働・金銭・愛情を私たちに注いでくれるのです。六歳になれば以後九年間、ほぼ無償で教育を受け、人類の知的な遺産を自分のものにする機会が与えられます。大人になって自立してからも、高度に発達した資本主義的な産業・集団のおかげで、日々の衣食住に困る人は今日の日本社会ではわずかになりました。日本は治安もかなりよく私たちは暴力の脅威にさほどさらされずにすみますが、これも警察をはじめとする社会の制度のおかげという部分が大きいでしょう。病気になると高度に発達した医療を安価に受けることができますが、これは保険制度や各種医療機関のおかげです。また、インターネットのおかげで、本人はたいした努力もせずに世界中のほとんど無限の情報に迅速にアクセスできるようになり、ゲームなど多種多様な娯楽も発達し簡単に楽しむことができます。高度に近代化・現代化したこの時代において、私たちはこうした社会的システムの恩恵を生涯を通して日々享受しています。

しかしながら、その社会なるものは私たちに恩恵や便利さをもたらすばかりではなく、同時に日々の生活や人生のスタイルを、時に強力に、時にゆるやかに、規制してもいます。国家社会は、すべての子どもに学校教育を受けさせるべく彼らを長時間拘束しますし、たいていの経済活動にたいして一定の規制をし徴税をしてきます。個人的な行動や結婚のような一見ごくプライベートな活動にすら、強制・規制は及びますし、友人関係、先輩と後輩、上司と部下といった人間関係にかんしても、意外と細かな規範が存在し機能してもいます。暴力的な行為をしてしまえば、たいていは厳しい法的・社会的な制裁が待っています。資本主義的な経済活動は、さらなるビジネスの領域を広げようとして、人々の欲望を喚起し続けますので、私たちの内面にまでシステム的なものが浸潤してきている、とさえいえます。

しかも、このように私たちの活動を強制し規制する社会システムなるものは、全体として完璧に設計されコントロールされているわけではありません。単一の統制された巨大なシステムがあったりするのではなく、全体社会は発展すればするほど**社会分化**（⇩1章）を重ね、一定程度の自立性をもちつつ相互に依存しあう、無数の社会集団が生みだされ発達してきました。それぞれの集団は、全体社会がうまくいくように考慮したりはせずに、もっぱら自分たちの集団の維持・発展を目指します。とくに、自由主義的な資本主義社会は各自・各集団が自らの利益を追求することを正当な原理としていますし、本来は国家・国民全体の利益を追求すべき国家の政治家や官僚ですら、実際には、自分たちの集団・個人の権力・権益の拡大に勤しむのが常態です。

そのため、社会システム全体は弱肉強食の様相を呈することになります。システム内の集団間の苛烈な競争もあるのですが、同時に、社会システムが小さな共同体的関係を喰い潰していく、という傾向もみられます。国家が国民の税金を無駄遣いし、企業が労働者をこき使い、**マクドナルド化**（⇩9章）したチェーン店が自営業を圧迫し……といったようなことです。ユルゲン・ハーバーマスというドイツの社会学者は、このような過程を、「**システムによる生活世界の植民地化**」とみなしました。その最悪のケースは、国家が諸システムの利権確保のために引き起こした戦争のために国民が死ぬ、ということでしょう。

だからこそ、社会システムが高度化すればするほど、諸個人の権利を守る民主主義の原則は、ますます遵守されなければなりません。しかしながら、今日、世界中の大多数の国が国家体制として民主主義を標榜していながら、標榜しているだけで実質的には民主主義が許されていない国家もありますし、そこまでひどくなくても、いろいろな事情で民主主義が十分には機能していない場合が多いのが現状です。

民主主義が十分には機能しないままに社会システムがより高度なものになっていくと、私たちの権利の多くが剝奪されたり、あるいは生活の細部まで規制されたり、といった危険性が高まり、一種のディストピア（ユートピアの反対）が出現する可能性も否定できません。じっさい、近代化が進むなかで、たいていの地域は、日本も含めて、一度は全体主義の時代を経験していますし、今日でも例えば、隣国の中国では、国民の政治参加の機会が大幅に制限された一種の全体主義的な体制が維持されるなかで、新しい情報テクノロジーの動員などによって、かつてないほど管理社会化が進んでいるようです。

社会システムが高度化し共同体的関係が縮小するなかで、今日表面化しつつあるもう一つの問題は、各個人がもはや「大人」にならなくてもよいかもしれない、ということにあります。社会システムは、もともとは、自らの維持・発展のために、人々を**社会化**（⇩1章）・**主体化**（⇩5章）させてきました。しっかりと社会化・主体化された大人たちが社会システムの日々の活動と発展とを支えていたのです。しかし、社会システムがますます高度に発達しほとんどあらゆるものをシステム化し外部を失っていくと、もはやシステムは、少なくとも短期的にはそうした主体化された「社会人」を大量には必要としなくなり、むしろシステムの内部にいる人々を消費者として甘やかし依存させる方向に発達しもするのです。日本にはもともと親が子（とくに母親が息子）を甘やかす伝統があったわけですが、社会システムが高度化すると、家事においても娯楽においても、すべてにおいてより便利・簡単に、より楽しく活動できるようになります。「ひきこもり」はその極端な事例で、親に経済的な余裕があると、社会システムが各種のサービスを提供することによって、ほとんど自室のなかだけで生きていくことが可能になったのです。「ひきこもり」まではいかなくても、親にパラサイトして生きる人も増えましたし、必要最小限度の賃労働だけして、あとは自由な生活を楽しむ、というライフスタイルもありえます。しかし、その楽しみ方は、資本主義的な企業体が提供する娯楽装置に欲望を刺激されながら受け身的に消費するだけであったりもします。比喩的にいえば、社会システムが子宮のように人を閉じ込め生存させているとさえいえるかもしれません。そこまでいえなくとも、現代にあっては、社会化・主体化をして、「大人」として成長し「社会人」になることは、必ずしも強くは求められない状況へと変化しつつある、とはいえそうです。

このように、社会システムは今日ますます発展し強大なものとなっていくなかで、共同体の役割は着実に縮小し、個々の人間はますます自立性を失いシステムに深く依存するようになっています。あたかも、高度化し巨大化したシステムにはそれ自体に力があって、それを創り出したはずの個々の人たちの意志では少しも変えることのできない巨大なマシーンとして、自動的に作動し発展を続けているようにみえます。それはまさに、マルクスのいう**疎外**（⇩9章）状況のいっそうの深刻化であり、私たちはこの高度にシステム化した社会のなかで、ほとんど無力であるとさえいえるかもしれません。

2　社会の絶えざる生成の根本

しかしながら、このシステムを根幹で支えるのは、昔も今もなお個々の人間の存在にほかなりません。私たち一人ひとりが労働者として消費者として活動することが、システムの日々の作動を可能にしていますし、なかでも、第9章で強調したように、子どもを産み育てる、ということが、システムの維持・発展のもっとも基本的な条件です。人が生まれ、日々働き、子どもを産み育て、死んでいく、というプロセス、それは一人の人にとっては再現不可能な一回限りのものですが、それが集積していくことがあらゆるレベルの社会を根本的に支えています。未来のいずれかの段階では、もしかしたら、子どもを産み育てることすらもほとんど完全にシステム化されるかもしれませんが、今のところはまだそこまでいっていません。システムにとって最も肝心なことは、今なお、十分にはシステム化されておらず、共同体の、とりわけ母親の、シャドウ・ワークともよばれる、生物的・身体的・人格的・知的な活動に大幅に頼っているのです。

ですから、私たちは、社会の受益者であり、日々規制され甘やかされさえするような、圧倒的に受け身な存在である一方で、同時に、私たち一人ひとりは今なお、社会の根本的な推進者でもあるのです。

ところで、本書でも何度か登場したエリック・エリクソンは、「**ジェネラティヴィティ**(generativity)」という概念を提唱しているのですが、この概念は、こうした社会の根本的な推進者としての人間の力について深い洞察をもたらしうる重要なものです。自分の**アイデンティティ**(⇩9章)をつくりあげることにもっぱら関心があった青年の段階を超えると、次の段階として、他者を育てたり世話したりすることに喜びを感じるようになるといいます。その感覚をジェネラティヴィティと名づけたのです。この感覚は、自分の実子を生み育てたいということにとくに関わりますが、それだけではなく、身の回りの親しい人に継続的な関心をもったり助力をしようとする姿勢、自分の関わる各種集団の力になりたいという思い、あるいはペットを可愛がったり、盆栽を育てたりするのも、ジェネラティヴィティです。

ジェネラティヴィティとは、もっと端的に、愛情のことだといってもよいかもしれません。しかし、ジェネラティヴィティは、自己愛的な愛着や二者間の性愛的な愛情とは異なって、より利他的であり、世代の交代に関わる感覚です。そういう意味で、愛とか愛情といった言葉よりも、あるいは母性愛とか父性愛という言葉よりも、より社会性の高い態度を意味します。こうしたジェネラティヴィティのニュアンスを日本語で伝えるのは難しいのですが、強いて訳せば「育てる力」となるでしょうか。

このジェネラティヴィティの感覚がしっかりと育っていくことが、個人の生涯においても、あるいは各種共同体の存続・発展にとっても決定的に重要だということは、もはや明らかでしょう。第4章でも説明したとおり、私たちは一次愛の欲求が満たされることによって生存・成長し、この世界・社会・他者への信頼を獲得していくのですが、この一次愛を満たしてくれるのは、ジェネラティヴィティを豊かにもった親や親代わりの大人たちです。学校においても、教師たちに多少でもジェネラティヴィティがなければよい教育は行われないでしょう。各種集団においても、メンバーたちのジェネラティヴィティがその集団の健全な発展のためにも、その集団の社会的な意義の向上のためにも、必要なはずです。そして、繰り返しますが、システム的社会を含めた社会集団の存立・発展にとって、子どもを産み育てるという営みこそが何よりも必要不可欠なものなのです。

私たちの社会は、これまでこうした産み育てる力の意義をあまり認めてこなかったようにも思われます。エリクソンの理論にしても、アイデンティティや**モラトリアム**（⇩8章）の概念は広く知られ日常語にすらなりましたが、ジェネラティヴィティはさっぱりです。あまりに大事なことはかえってその大事さが自覚されにくいのかもしれません。いまだに、結婚や出産・子育ては私的なことで、役所や会社での業務のほうが公的なものなのだから大事だとか偉いんだ、といった発想が日本社会の一部には残っています。多くの子どもたち・若者たちが、システム的な社会のなかでしかるべき地位や報酬を得られるようになるべく、学校や塾などで長い時間努力を続けていますが、それに比べて結婚をし子どもを産み育て家庭を維持するための能力の養成や日々の実践ということにかんして、しっかりと配慮し優先していく、ということが今の日本社会にはまだ十分にはみられないように思います。

3 新しい社会を求めて

ところで、古代ギリシアの哲学者たちは、二〇〇〇年以上前に、こうした、いわゆる「公」的なことよりも、私的なことのほうが大事なんだということを、大胆に主張しています。個々人の諸々の行為の最終的な目的は何であるかというと、それは幸福になることであると言っています。快楽とか名誉とか金銭ではなく、自分自身が幸福になることが最も価値あることであり、それが「**最高善**」なのだ、と。最高善とは、その人個人にとって最も望ましいもの、というだけではなく、社会全体にとっても最高の価値だ、ということです。その根拠・必然性をアリストテレスは次のように巧みに示しています。

われわれは幸福をつねにそれ自体のゆえに選び、けっして他のもののゆえに選びはしないけれども、名誉や快楽、知性、またあらゆる徳の方は、それらをわれわれはそれら自体のゆえに選びながらも（というのも、結果として何も生じなくてもわれわれはそれらの各々を選ぶであろうから）、しかし実際にはわれわれはそれらを通じて幸福になれるだろうと考えて、幸福のためにこそそれらを選ぶからである。逆に、それらのために幸福を選ぶ、というような人はだれもいないのであって、他のもののゆえに幸福が選ばれる、といったことはありえないのである。

（アリストテレス、朴一功訳『ニコマコス倫理学』京都大学学術出版会、二〇〇二年、二六頁）

人にとっての最高の価値とは自分が幸福になることだ、というアリストテレスのこの主張は、西洋社会では脈々と受け継がれていて、基本的な人権の核心として、日本国憲法で保障された幸福追求権にまでつながっています。幸福追求権を含めて基本的人権についてしばしば誤解されるのですが、こうした権利は、原理的に公共の利益と対立するものではない、ということをアリストテレスの議論は示しています。むしろ、個々の人が幸福になることは、常に原理的に最終的な価値なのだから、公共とか社会というのは常に原理的にそのための手段にすぎない、ということです。

やはり古代ギリシアの人であるエピクロスは、より明快に、こんなことを言っています。「法は、知者たちのために存する、かれらが不正をしないようにではなしに、不正をされないように」（出隆ほか訳『エピクロス――教説と手紙』岩波文庫、一九五九年、一二四頁）。社会で定められた法は、人が安心して暮らしていけるためにある、というわけです。さらにエピクロスは、自足した最高に幸せな賢者だけが、気前よく与えることができる、とも言っています。社会は、人々が幸福に生きていくための手段であり、幸福になったものだけが気持ちよく社会に貢献できるのです。

こうした古代ギリシアの哲学者たちの議論に基づけば、現代の高度化したシステムも、結局は手段にすぎない、ということになります。私たちはある種の親密性のなかでしか幸福感を味わうことができないということは第4章第1節や第6章のコラムでも述べましたが、そうすると、私たちは、私たち各人が幸福になるべく、システムの維持や発展ではなく、共同性を築き大切にしていくべきだ、ということになります。アリストテレスもまた、幸福に生きる上で、友愛をもって「共に生きること」の大切さを説いています。そして、そうすることは、本書で述べてきたように、必ずしもシステムの維持や発展を阻害することではなく、長期的にはむしろシステムを根本で支える営為でもあるのです。まずは自分が幸福になれ、そのためにも共同性を大切に構築していくべきだ……それはラディカルでもあればごく平凡でもある命題です。しかし、少子化をはじめとする今日の日本社会の問題の解決のためにも、こうした当たり前の認識に改めて立ち戻る必要があるように私には思われます。

古代ギリシアのこの理想論に通じる思想や運動・実践は、様々な形態をとりながら、とくに欧米を中心に積み重ねられてきました。なかでも、今日日本でも広がりつつある様々な「ソーシャルな運動」などと総称されるものには、そうした傾向がみられます。営利目的ではないこうした運動は、民主主義の大きな潮流を背景にして、各種のいわゆる市民運動や個人のボランティア活動、あるいは企業による「社会的責任」の活動や町おこし・村おこしの運動など、多様な名称・運動として展開しています。最近の動きのなかでわかりやすいものとして、スローフード運動をあげることができます。これは、世界の食のファストフード化・マクドナルド化にたいするアンチテーゼであって、営利主義に走りすぎることなく地元の伝統的な食べ物・食文化を大切にしながら、より自立的な食生活を楽しもうという、イタリア発祥の運動です。

これらのソーシャルな運動は、いずれもが、国家による中央集権的統制や巨大資本によるグローバル化に抵抗しながら、民主的で自律的な小規模の活動を大切にしています。国家・資本による格差や排除の代わりに、個々の人の幸福の獲得を最大の価値とすることを前提としつつ、自立的な価値をもつ個々人が織りなすある種の共同性を構築することとそれによる**社会的包摂**を目指している、といってよいでしょう。この場合の共同性とは、伝統的な共同体と重なりつつも、新しい技術も活用したネットワーク型の共同性などとされています。

もちろん、システムがさらに高度化していく現代にあって、もはやシステムからの完全な自立などありえません。共同体も個人も常に社会システムに深く依存し社会とともに生きていくほかありません。それでも、というよりもだからこそ、自分自身と身近な親しい人たちの幸福のために、システムに迎合したり反抗したりするのではなく、システムを手段としつつ、新しい世代を創り出していくジェネラティヴィティの感覚をもって、できるだけ自立的に、とりわけ精神的な自立性をもって、邁進すべきなのです。そうすることは、個々の人の幸福を最大の目標とするものであると同時に、最も重要な社会的正義であり社会的な必要でもあるはずなのです。このような考え方は、何も新しい理想というわけではなく、むしろ先人たちが受け継いできた人間主義的な価値観の必然的な発展的帰結であって、それはシステム的社会の維持・発展をまっとうなものにしうる理想である、と思われます。

考えてみよう

- 私たちは社会にたいして圧倒的に受け身な存在であり、ほとんど無力である、という考え方について、あなたはどう思いますか。考えてまとめましょう。
- 近年の「ソーシャル」な運動のなかから一つを選んでそれについて調べ、その歴史や特徴についてまとめてみましょう。
- この章の議論をふまえたうえで、共同体とシステムとの関係についてのあなたの考えをまとめてみましょう。
- 望ましい「社会」のありかたについて想像してみましょう。

■キーワード

システムによる生活世界の植民地化（colonization of the life-world by systems）　資本主義的な社会システムが利益の拡大を目指して人々の生活世界＝共同体を侵食し自立性を奪っていく過程。

ジェネラティヴィティ（generativity）　その本質は、世話をすること、養うこと、維持することの経験にある。エリック・エリクソンがつくった用語で、次の世代をつくりだし導くことへの関心とも表現している。「生殖性」あるいは「世代継承性」などと訳されるが、本書では「育てる力」と訳した。

最高善（supreme good）　最も高い道徳的な価値のことで、アリストテレスは、それを各人が幸福になることであると主張した。

社会的包摂（social inclusion）　マイノリティや社会的・身体的弱者を隔離・排除することなく、国家・共同体のネットワークに取り込んで、ともに支えあいながら社会を構成しようとする理念。

■さらに学ぶための本

ユルゲン・ハーバーマス（細谷貞雄ほか訳）『公共性の構造転換——市民社会の一カテゴリーについての探究』（第2版）未來社、一九九四年

国家権力から相対的に独立した「市民的公共性」が欧州社会においてどのようにして生まれどのような役割を担ったかを示した、社会学の古典の一つ。

アントニオ・ネグリ、マイケル・ハート（水嶋一憲ほか訳）『〈帝国〉——グローバル化の世界秩序とマルチチュードの可能性』以文社、二〇〇三年

現代の新たな世界秩序である「帝国」（本書の言葉でいえばシステム）にたいして、いかにして国境を越えた民主的な主体の創造と抵抗の運動が可能かを説いている。

ユヴァル・ノア・ハラリ（柴田裕之訳）『サピエンス全史——文明の構造と人類の幸福』（上・下）河出書房新社、二〇一六年

私たち人類＝ホモサピエンスの全歴史を大胆にまとめた本。人類社会を考えるうえで多くの示唆を与えてくれる。

E・H・エリクソン、J・M・エリクソン、H・Q・キヴニック（朝長正徳ほか訳）『老年期——生き生きしたかかわりあい』みすず書房、一九九七年

人生の諸段階（ライフサイクル）における心理的な葛藤と達成されるべき課題について論じた、叡智に満ちた本。ジェネラティヴィティについての説明もある。

市野川容孝・宇城輝人編『社会的なもののために』ナカニシヤ出版、二〇一三年

「ソーシャルなもの」の歴史的・政治的・思想的な意義を多角的に論じた討論集。

井上俊・伊藤公雄編『社会学ベーシックス』（全一一巻）世界思想社、二〇〇八〜二〇一一年

社会学という広大な領域の学問の成果のなかから、約二七〇冊を選んで解説している。より詳しく社会学を学びたい人にはちょうどよいガイドである。

■や行

■ら行

■わ行

■た行

■な行

■か行

■さ行

索　引

＊太字は「キーワード」項目。

著者紹介

川田　耕（かわた　こう）

1969年生まれ。

京都大学文学部卒業，同大学院文学研究科博士後期課程研究指導認定退学。

文学博士。現在，京都先端科学大学経済経営学部教授。

専門は，文化の社会学，歴史社会学。とくに，日本と中国語圏の演劇・民話・小説・映画などの文化的領域の分析を中心とした，社会学的・精神史的な研究を行っている。著書に，『隠された国家——近世演劇にみる心の歴史』（世界思想社，2006年），『愛の映画——香港からの贈りもの』（大隅書店，2011年）。

生きることの社会学
——人生をたどる12章

2019年5月31日　第1刷発行
2022年4月20日　第2刷発行

定価はカバーに
表示しています

著　者　川　田　　耕
発行者　上　原　寿　明

世界思想社
京都市左京区岩倉南桑原町56　〒606-0031
電話　075(721)6500
振替　01000-6-2908
http://sekaishisosha.jp/

（印刷　太洋社）

ISBN978-4-7907-1734-8

〈世界思想社 刊行案内〉

教養みらい選書

001
僕がロボットをつくる理由
未来の生き方を日常からデザインする

石黒 浩

衣食住から恋愛・仕事・創造の方法まで、自身の経験や日々の過ごし方を交えて、「新しい世界を拓く楽しさ」と人生を率直に語る。

002
食べることの哲学

檜垣立哉

動物や植物を殺して食べる後ろ暗さと、美味しい料理を食べる喜び。この矛盾を昇華する、食の哲学エッセイ。隠れた本質に迫る逸品。

003
感性は感動しない
美術の見方、批評の作法

椹木野衣

子供の絵はなぜいいのか？美術批評の第一人者が、絵の見方と批評の作法を伝授し、批評の根となる人生を描く。書き下ろしエッセイ集。

004
音楽と出会う
21世紀的つきあい方

岡田暁生

人生を変えるような音楽と出会うには？21世紀に固有の音楽現象を挑戦的にとりあげ、規格外の音楽とつきあう楽しさを自在に語る。

005
賀茂川コミュニケーション塾
ビブリオバトルから人工知能まで

谷口忠大

コミュニケーションって何だろう？京都・賀茂川沿いの喫茶店エトランゼを舞台とした、教授と女子高生とが語り合う、ひと夏の物語。

書名は変更になる場合があります。